企業創造力

組織の可能性を呼びさます6つの条件

アラン・G・ロビンソン
Alan G. Robinson

サム・スターン
Sam Stern

EIJI PRESS

企業創造力

――組織の可能性を呼びさます6つの条件

CORPORATE CREATIVITY

How Innovation and Improvement Actually Happen

by

Alan G. Robinson and Sam Stern

工業化に伴う大量生産の時代、企業経営において注目されたのは「コスト管理」や「品質改善」であった。一方、創造力（クリエイティビティ）については——エジソンをはじめ非凡な発明家が活躍した時代以来、クリエイティブな人物は「孤高の英雄的発明家」であり、マネジメントの対象外である、という固定観念が受け継がれ、信じられてきた。

しかし今日、あらゆるタイプの組織において、クリエイティビティの重要性はいよいよ顕著になっている。グローバルなハイテク企業、メガバンク、政府機関、小規模商店や近所の学校さえ、コストの削減やサービス・製品の質の向上だけでなく、クリエイティビティの充実に力を注ぐべきだと認識するようになった。

もちろん、コストや品質も成功に不可欠な要素だ。しかし、品質やコスト面での差別化がもはや困難になり、さらなる付加価値をどう生みだすかという競争の時代となった。それぞれの業界で真に優位に立ち、競争を生き延びていくために本当に重要なことは、クリエイティビティである。

A・G・マズローは著書『完全なる経営』（金井壽宏・大川修二訳、日本経済新聞社、二〇〇一年）で本書を引用し、以下のように述べている。

真の問題は「何が創造性を育むか」ではない。だれもが創造的とは限らないのは一体なぜなのか、ということだ。人間の可能性はどこで失われてしまったのか。なぜ、損なわれてしまったのだろうか。このように、有効な問いかけとは「ひとはなぜ創造するのか」ではなく、「ひとはなぜ創造し革新しようとしないのか」という問いであろう。（中略）この問いかけによって、創造や革新を阻んでいる業務手続きや方針、思考様式が明らかとなる場合があるのだ。

クリエイティビティこそ要であるという理解はこの十年で飛躍的に浸透したとはいえ、より大きなイノベーションや改善をもたらす戦略とは具体的にどのようなものなのかは、いまだ解明できていない。第二章でも述べるように、クリエイティビティに対する先入観が、その発揮を妨げている。あるいは、大量生産時代に確立された業務手順や方針が、クリエイティビティの芽を摘んでいることもある。そこで、そういった先入観や業務プロセスを取り払うと同時に、イノベーションと改善を促す方法を例示する——それが本書のメッセージの核である。

現実の組織でイノベーションと改善がどのように実現されているか、私たちは長年にわたって調査を続けてきた。その結果、企業創造力（コーポレート・クリエイティビティ）を生みだすうえで欠くことのできない要素が六つあることがわかった。個人や企業がこの六つの要素を活用すれば、これまで「偶然の産物」としてしか得られなかったクリエイティビティを、継続的・持続的なものに変えていくことができるはずだ。これら六つの要素が効果的な戦略に結びつくことは、数多くの実例が示している。

多くの日本企業は、六つの要素のなかの「多様な刺激——拡散的に思考する」という点をとくに苦手としている。「集中的思考」に慣れている日本人は、いくら多様な刺激と自由な時間が得られてもそれをどう活用したらいいのかわからない、ということが往々にして起こりうる。それを回避するためにも「拡散的思考」を積極的に習得することが必要だろう。経営陣にとって重要なのは、社員が刺激を受けて拡散的に思考することを支援し、受けた刺激を活用して企業に持ち帰る機会を作ることである。

「社内コミュニケーション」という点は、たとえば「飲みニケーション」と言われるような、インフォーマルなコミュニケーションを含めて日本企業が得意とするところだろう。これら企業創造力を高める六つの要素それぞれを、自社の状況に合わせて取り入れ、活用していただきたい。

本書の第一版『コーポレート・クリエイティビティ』（一世出版）の刊行からおよそ十年。私たちが出会い、この本という果実を生むことになった長い長い旅が始まった特別な国、日本で、改訂版『企業創造力』が刊行されることを今、たいへん喜ばしく感じている。

二〇〇七年一月

アラン・G・ロビンソン
サム・スターン

企業創造力

目次

第3章　真にクリエイティブな人物

PART2

コーポレート・クリエイティビティを高める6つの条件

第6章　非公式な活動を認める

第9章　社内コミュニケーションを活性化する

プロローグ
企業に眠る創造力

The Power of Unexpected

この本を書くにあたり、数多くの企業の協力を得て、あらゆる立場の社員に取材に応じてもらった。彼らが我々の研究に関心と熱意を示してくれたのは、クリエイティビティに関して彼ら皆がある認識を持っているからだろう。自社にはいま発揮されているよりもはるかに大きなクリエイティビティが秘められているという認識である。

ところが、大多数の企業は、クリエイティビティを引き出すために何をしたらいいのかわからずにいる。

まずはクリエイティビティがどこに隠されているか知ること、それこそが第一歩だ。

本書タイトルでもある「企業創造力」、すなわち「コーポレート・クリエイティビティ」とは何か。我々は次のように定義している。

> コーポレート・クリエイティビティとは、社員が直接説明されたり教えられたりすることなしに、まったく新しい、しかも有用な可能性を秘めた行動を起こすことを促す、文化や組織環境を含む企業としての性質を指す。

コーポレート・クリエイティビティは、企業が将来にわたって生き残り、成功していくために不可欠だ。それが発揮された結果が目に見える形で現れたのが、改善（すでに行われていることの変更）やイノベーション（その企業にとってまったく新しい活動）と呼ばれるものである。

企業におけるクリエイティブな活動の大部分は、事前の計画に基づいて行われるものではなく、それどころか、まったく予期しない場所から始まっている――この現実を直視していただきたい。どのようなクリエイティブな活動が発生するか、どの社員がそれに携わるのか、いつ、どのようなきっかけで始まるのか、誰にも予想できないのだ。この予測不可能性こそがコーポレート・クリエイティビティの本質である。企業に眠る創造力は、意外な出来事をきっかけに発揮されるのである。

ＪＲのおいしい水

予期せぬ出来事がクリエイティビティを引き出した好例を、世界最大の鉄道会社ＪＲ東日本に見ることができる。

ＪＲ東日本は、関東北部に広がる山脈地帯を通る新幹線を建設していたころのことだ。新幹線の開通には数多くのトンネルが必要だったが、谷川岳を貫くトンネルを建設した際、湧き水の処理問題が浮上した。エンジニアは排水溝を設計に加えた。しかし、現場の建設作業員たちはすでに水の用途を見つけていた。喉が渇いたときに飲んでいたのだ。掘削機械の安全管理を任されていたある保守作業員がその水のおいしさに気づき、排水溝へ流す代わりに瓶に詰め、高級ミネラル・ウォーターとして販売してはどうかと提案する。このアイデアは採用され、まもなくこの湧き水は「大清水」という銘柄として発売されることになった。

販売直後から「大清水」は人気商品となり、JR東日本は一〇〇〇近くある駅すべてのホームに専用自動販売機を設置した。JR東日本の飲料子会社は現在、このミネラル・ウォーターをケース入りで、または二十リットル入りコンテナで宅配するビジネスを展開しており、ジュース、コーヒー、紅茶などの商品も販売している。一九九四年度には「大清水」関連飲料の売上は四七〇〇万ドルに達した。

この例のように、企業の中で偶然生まれたクリエイティビティが、華々しい成功につながることがあるのである。

一・五セントのポットカバー

テキサス州ダラスにあるアメリカン航空の本部宛てに、ある客室乗務員からのアイデアが届いた（ちなみに、このアメリカン航空のダラス本部には年間約四万五〇〇〇件のアイデアが送られてくるという）。提案書には、プラスチック製のカバーが添付されていた。それは、コーヒーを給仕するときに使う金属製ポットのカバーで、保温のためと、機体が揺れて乗客に熱いコーヒーがかかるのを防ぐために使われており、一フライトにつき十枚、積み込まれていた。

しかしこの客室乗務員は、着陸後、少なくとも半数のカバーが未使用のままで捨てられていることに気づいた。そこで彼女は一フライトにつき五枚に減らしてはどうかと提案した。

アメリカン航空は、この提案のコスト削減効果を調査した。当初は取るに足らぬ効果しかないと思われた。カバーは一枚わずか一・五セント。わざわざ対策を講じるほどのことではない。しかし、一フライトにつき五枚節約できれば、七・五セントのコスト削減効果がある。そして一日に二三〇〇便として年間三六五日に換算すると、なんと六万二〇〇〇ドル以上のコスト削減になることが判明した。

予期せぬ人が、予期せぬことを

ＪＲ東日本は、自社が飲料事業に参入するとはまったく予想していなかった。アメリカン航空も、機内コーヒーサービスからコスト削減が可能だとは考えていなかった。これらのアイデアはどちらも社員個人の発案によるもので、経営陣は想定していないことだった。

世界中の企業を訪問してクリエイティビティに関する調査を行った結果、クリエイティブな活動の大多数は、劇的なイノベーションであれ些細な改善であれ、右の二つの事例と同じような経緯から行われていることが確認できた。

我々著者は、知り合う以前からコーポレート・クリエイティビティの予測不可能性を認識していた。サム・スターンは、日本能率協会の後援を受けて日本企業におけるコーポレート・クリエイティビティを調査し、その認識を抱いた。スターンはこの調査期間、すなわち一九八六年から一九九〇年に、当時の科学技術庁や発明協会（ＪＩＩＩ）の表彰を受けた画期的なプロジェクトについて綿密に調査した。その結果、興味深い事実が浮かびあがった。

受賞プロジェクトの半数以上は社員が個人的に開始したもので、誰一人としてそのようなプロジェクトを事前に予想していなかった。さらに、自然発生的に始まったプロジェクトは、会社が事業計画に基づいて開始したプロジェクトと比較して、革新性と影響力においてはるかに上回っていたのである。

日本能率協会後援による調査の第二段階では、受賞した全プロジェクト（およそ二〇〇件）を、商業的には成功をおさめたが、とくに画期的とは言えないプロジェクトと比較した。ここでも同様の傾向が見られた。受賞プロジェクトは個人の手で始められたものが多く、一方、画期的でないプロジェクトは、会社が計画して設置した場合が多かったのである。

スターンの調査とほぼ同じ時期に、アラン・ロビンソンは長期計画に基づく改善活動において同様の現象を認めていた。最良の改善例と最悪の改善例を求め、各国企業を見て回ったが、ほとんどの企業が継続的な業務改善を促す何らかの計画的アプローチを採用していた。そういったアプローチでは、誰が、何を、どの程度改善するか、事前に定められる。ときには特定の問題解決メソッドがあらかじめ用意されることもある。

しかし、実際に目覚ましい改善を成し遂げた人々は例外なく、計画外の改善をも促すような制度こそ必要であると強調した。ここでも、より革新的で大きな影響力を持つ改善とは、予期せぬところから生まれるという傾向が認められたのである。

クリエイティビティの本質を理解し、計画外のクリエイティブな活動を生み出すために何ができるかを学べば、本来のクリエイティビティが存分に発揮される可能性も劇的に高まる。こうした著者二人の共通の認識から、この本は生まれた。理解しやすいように、クリエイティブな活動が現実にどのような経緯で発展していったか、実例をあげて詳細に説明した。また通常なら見過ごされてしまう部分——活動のきっかけとなった予期せぬ出来事——にスポットライトを当てた。

予期せぬ出来事をきっかけにどのような力が発揮されるかを理解すれば、クリエイティビティマネジメントについて以前とはまったく違った観点を持つことができる。そして本書のアドバイスに従えば、本来のクリエイティビティと現実のギャップを埋められるはずだ。

PART 1

コーポレート・クリエイティビティとは

第1章
コーポレート・クリエイティビティの本質

The true nature of Corporate Creativity

「マイクロソフト社の唯一の財産は、人間の想像力である」


——ニューヨークタイムズ誌のフレッド・ムーディ記者はそう評した……。その記事を引用したあと、私は次のような意義深い質問をする。

「人間の想像力を『管理する』とはどういう意味か、ご存知の方はいらっしゃいますか？」

私も含め、これまでのところ、この質問に対して手が挙がったことはない。「人間の想像力を管理する」というのが何を指すのか、私とて理解しているわけではない。

しかし、新たな経済の枠組みにおいて、想像力こそ価値の源泉であることは知っている。そして、先の質問の解答を見つけだすべきだということもわかっている——それも早急に。

トム・ピーターズ

創造力が命を救う

朝鮮戦争が勃発した直後、アメリカ空軍は、心理学の博士号を取得したばかりのポール・トーランスという人物を雇い入れた。トーランスは空軍の依頼を受け、パイロットや乗組員が、猛暑や極寒、水や食料や避難場所の不足、海やジャングルあるいは敵地内で撃墜されるといった、欠乏と危険に囲まれた極限状態でのサバイバル術を教える訓練プログラムを開発した。この開発が緊急の任務とされたのは、北朝鮮の捕虜となれば直面するであろう著しく悲惨な状況に備える必要があったためだ。

トーランスは資料を見直し、既存の訓練プログラムを再検討した。また、第二次世界大戦中にサバイバル体験をした何百人もの空軍関係者に聞き取り調査をした。その結果、彼は驚くべき発見をした。生き残るうえで、最も重要だったのは、どの訓練プログラムでも教えていなかったこと――創造力（クリエイティビティ）だったのだ。

既存の訓練では、敵国の様々な扱いにいかに対処すべきか幅広い情報を提供し、また現実に即したシミュレーション実習を行っていた。しかしトーランスは、どれだけ訓練を積んでも、現実にそういった状況に置かれると、ほぼ例外なく不測の事態に遭遇することに注目した。そして生還した兵士は、訓練で身につけたスキルと人生経験とを組み合わせ、教えられたものとは違う、まったく新しいサバイバル術を編み出していたのである。

クリエイティビティこそ生き残るために不可欠であるという見解について、トーランスはこう書いている。

創造力や発明力とは、すなわち適応力である。その力は、これまで生存や生存のための訓練と結びつけた形ではほとんど注目されていなかった。しかし、生還した者たちは、独創的で創造性に富んだ行動が目の前の問題を解決したばかりでなく、適応しつづけるためのエネルギーを補充してくれたと語った。

クリエイティブな企業

トーランスは、クリエイティビティと不測の事態との関係を指摘した。そしてその関係は、空軍兵士が実際にいかにして生き延びたかを綿密に調査して初めて明らかになったものだった。

コーポレート・クリエイティビティも、不測の出来事と深い関係を持つ。我々もトーランスと同様、企業におけるクリエイティブな活動がどのように始まるのかを詳しく調査した結果、この関係に気づいた。以下に三つの事例を挙げよう。それぞれ異なる業界での実例である。

職人を唸らす発見

クリエイティビティは、ハイテク企業に限らず、いかなる種類の組織にも存在する可能性があるし、また存在するはずである。まずは従業員八六〇〇名の日本の乳製品メーカー、雪印乳業の事例を考えてみよう。

一九八〇年四月、雪印の若手研究員、堀友繁は、東京で開催された、物質の熱力学特性に関するシンポジウムに出席し、慶應義塾大学教授の講演をたまたま聴講した。講演のテーマ「電流を通した『熱線』を使って液体の熱伝導性を測定する最新の方法」は、堀の仕事とは一切関係のないものだった。彼の仕事は、より栄養価が高くておいしい乳製品の製造法の研究・開発であり、ヨーグルトの口当たりやアイスクリームの舌触りを改良することだ。この講演で耳にした概念は、堀自身の仕事とも雪印の製品とも直接の関係はなかったが、彼は好奇心をそそられ、研究室で実験を始めた。ただ、講演では水を使っていたが、堀は自分の会社に豊富にある液体――牛乳を使うことにして、実験装置を自作し、牛乳の熱伝導性の測定を開始した。

ある真夏の午後、彼はプラチナの細い熱線に電流を通したままうっかり研究室を離れてしまった。戻ってみると、牛乳は凝固していた。二十秒もあれば牛乳の熱伝導性は測定できるのに、この日、堀は牛乳を数時間も熱しつづけていたのだ。出力されたデータに目を走らせた堀は、ある時点で熱線に大きな温度変化が起きていることに気づいた。その急激な温度変化が、牛乳が凝固した瞬間に起きたことはすぐにわかった。チーズの製造工程に詳しいわけではなかったが、乳凝固の温度が密接に関係していることは知っていた。ますます好奇心を刺激され、文献に当たったり、社内でチーズの製造工程に携わる従業員に話を聞いて回ったりした堀は、やがて、牛乳の凝固量をモニターできれば必ずおいしいチーズができるという確信を抱く。

雪印では、何世紀にもわたって世界中のチーズメーカーが採用してきた手法、すなわち、凝固タンクを技術者がじっと見守り、経験に基づいて凝固を止めるタイミングを計るという、決して客観的とは呼べない方法に頼っていた。この手法では判断のタイミングが正否を分け、早すぎれば量が少なくなり、遅すぎればチーズのうまみが逃げてしまう。

そこで堀は、プラチナ熱線で温度変化をモニターすることにより凝固量を探知できるという彼の発見を実用化できれば、高い精度を保ち、しかも自動化の進んだチーズ製造が可能になるのではないかと考えた。そう気づいてからの出来事を、堀自身は次のように語っている。

私は偶然にも新しい技術を開発したのだと確信し、所属する課に報告しました。ところが、上司や同僚は奨励するどころか、そのような実現の見込みのない「無駄な」研究はやめた方がよいと言いました。私は当時、この決定に異議を唱えられるような立場にはなく、それから一年半の間、研究は中断しました。

そのような挫折はありましたが、私は科学雑誌に研究結果を発表すべきだと思いました。さもないと、私のアイデアは他のアイデアと一緒に棚に押しこめられ、埃をかぶることになるでしょう。私はこの分野で最も権威のある雑誌に英文のレポートを提出し、国内および国外の特許を申請しました。

堀のレポートは「食品科学ジャーナル」に掲載され、それを目にした多くの専門家が関心を寄せた。これに励まされた堀は、再度、上司の前で研究の成果を説明した。また、外国の著名な研究者から届いた、記事に関する手紙も見せた。それは、専門家が堀の研究を認め、関心を抱いていることを裏づけていた。こうなると上司たちも動かずにはいられなくなった。こうして、堀が熱伝導に興味を持つきっかけとなった講演から三年、雪印乳業の経営陣はついに彼のプロジェクトを正式に承認し、全面的な支援を約束した。

しかし、経営トップの全面支援を得たあとも、堀のアイデアを実際のチーズ製造に導入できるレベルまで引き上げるのに二年かかり、新しい製造工程を試験的に導入することになった工場で技術者の協力を得られるまでには、さらに二年かかったという。堀はこの期間中、毎月のように工場を訪れ、その都度一週間以上を費やした。新工程の開発を成功させるには、技術部門の支援と専門知識が不可欠だと彼は承知していた。また、この開発が社員にもたらす影響にも気づいていた——とりわけ、高いスキルを持ったチーズ職人の誇り高き仕事に影響を及ぼすことになるという点に。

熱伝導に関する講演を耳にしてから八年後の一九八八年までに、雪印乳業は、日本国内の機械化されたチーズ工場のすべてのタンクに新しい熱線計を導入した。今日、日本をはじめ世界中で、毎年、何千何百トンものチーズが、堀が開発した工程を用いて製造されている。一九九〇年、堀はそのクリエイティビティを認められ、発明協会から表彰された。

クリエイティビティが仕事を減らす

企業内でクリエイティビティについて論じるとき、一般的に、自社以外の組織で起きた劇的なイノベーションの事例を語る人が多い。あまり劇的とは呼べない、自社内の改善の事例を採り上げることはめったにないのだ。そこで、インドと韓国の合弁企業であるDCM大宇社の事例を見てみよう。

この会社はインドのデリーの西約三〇マイルに位置するスラジュプールという町にあり、中型トラックを製造している。ここでのクリエイティブな活動は、フロントガラスのウォッシャーが正しい位置に水を噴射するよう調節する作業を改善するものだった。改善される以前、この作業には、二人の従業員が必要だった。一人が運転席に座ってウオッシャーアームを操作し、もう一人がバンパーの上に乗って噴射位置を調整していたのだ。

あるとき車内の作業員は、簡単な延長コードをフロントワイパーのコントロールアームにつなげれば、車外の作業員一人で調整を行えると思いついた。工場の改革部門の協力を得て、この作業員は実用に足るレベルのコントロール装置を開発した。言葉を換えれば、提案者は自分自身の仕事を葬る方法を提唱したことになる。事実この改善の結果、彼の仕事はなくなり、別の仕事を割り当てられることになった。

ファーストクラスには最高のサービスを

たとえば航空会社のような、高度に標準化された手順で運営されている会社においても、クリエイティビティの入りこむ余地はある。世界最大手の航空会社、英国航空の事例を考えてみよう。

一九九三年初頭、英国航空に大きな変革をもたらすクリエイティブな活動の発端を作ったのは、ロンドン・ヒースロー空港のターミナル4（英国航空専用国際ターミナル）に勤務していた荷物係のイアン・ハートだった。彼は、到着した乗客が荷物を受け取りに集まるバゲージクレイムに勤務することが多かったが、たびたび同じ質問を受けることに気づいた。

「いつも黄色と黒のタグの付いた荷物が最初に出てくるが、どうしたら自分のバッグにもこのタグをつけてもらえるのか」

そう質問するのは、決まって飛行機から最初に降りる人々、つまり英国航空のファーストクラスの乗客だった。ハートはこの謎の黄色と黒のタグについて調べてみようと思い立った。あちこち問い合わせた結果、そのタグは、キャンセル待ちで搭乗した客の荷物に付けられることが判明した。また、この中には、次の乗務地への移動のために搭乗する英国航空の乗務員の荷物も含まれている。英国航空では、無料で搭乗する職員よりも正規運賃を支払う顧客を徹底して優先しているため、乗務員は離陸直前まで席が取れるかどうかわからず、したがってキャンセル待ちの乗客と同じ扱いで乗り込むからである。

だが、現行のシステムでは、キャンセル待ちの客の荷物を、偶然とはいえ、優先的に扱っていることになる。乗客の荷物は通常、コンテナに詰めた上で貨物室に入れられる。調べてみると、キャンセル待ちの客の荷物がファーストクラスのコンテナの上に積まれ、しかもそのコンテナ群はなぜか最後に下ろすグループに加えられていた。そのためファーストクラスの乗客が長時間待たされる結果になっていたのだ。それでファーストクラスの乗客は、黄色と黒のタグを付けた荷物がぞろぞろと現れた直後に自分の荷物が出てくることに気づいたわけである。この状況は、言うまでもなく、英国航空のファーストクラスの乗客に対してマイナスの印象を与えていた。

そこでハートは、この手順の変更を提案した。ファーストクラスの荷物は、コンテナに詰めるのではなく、離陸直前に機体前方の貨物室に積みこむよう提言したのだ。飛行機が到着したとき、ファーストクラスの荷物を下ろす専任スタッフを待機させておけば、必ず最初にターンテーブルに載せることができる。

一九九三年の夏、まずはいくつかの航路で試験的に導入された。彼のアイデア自体は複雑なものではなかったが、世界中の空港での作業手順の変更が必要とされ、しかも多くの職員に影響を与えるからだ。導入テストは上首尾に運び、ハートのアイデアは採用され、現在では、ヒースロー空港のターミナル4に到着する大型旅客機の荷物積み下ろしに適用される「ファースト&ファスト」と呼ばれる手順として導入されている。導入後、ファーストクラスの荷物がターンテーブルに到着するまでの平均時間は、二十分から十二分に短縮され、一九九四年末までには九分四十八秒にまで改善された。航路によっては常に七分という好成績をおさめているという。この改善が英国航空の業績に好影響を与えたことは間違いない。ファーストクラスの乗客は、どの航空会社にとっても極めて収益性の高い顧客であり、その料金に見合った特別待遇を実感させることが不可欠だからだ。

ハートのアイデアが実現されたあとになって、ある人物が英国航空の提案制度「ブレインウェーブ」に応募してみるようハートに勧めた。選考の結果、一九九四年、ハートは年間顧客サービス社長賞を贈られ、アメリカ行きのコンコルドの往復チケット二枚とともに、一万一〇〇〇ポンドの賞金を受け取った。

他にほとんど例がないほど標準化が徹底された航空業界では、日々膨大な乗客と飛行機を扱っており、そのため、安全性が最優先される。しかし、そのような中でも、ハートは、英国航空に大変革をもたらすクリエイティブな活動のきっかけを作った。どれほど規則に縛られた環境であっても、クリエイティビティが歓迎されるどころか、積極的に求められる余地は存在しているのだ。

クリエイティビティを管理する

ここまでに挙げた改善やイノベーションは、いずれも計画のもとに生まれたものではない。それを成し遂げたのは、経営者側が、いや、当人さえ自分を、とくにクリエイティブであるとは考えていなかった人々だった。雪印はチーズの製造工程の改善を計画してはいなかったし、ＤＣＭ大宇も人員削減のターゲットをフロントガラスのウォッシャーの作業員に定めていたわけではなかった。イアン・ハートが着手するまで、英国航空はヒースロー空港でのファーストクラスの荷物取り扱い業務を改善する計画など一切持っていなかったし、たとえあったとしても、荷物係に率先して改善案を提出せよと命じたとは思えない。

ここに挙げた事例や、他の数々の例を通じて、我々は、コーポレート・クリエイティビティの本質を見出すに至った。それは、予測不可能であるという性質だ。しかし、だからといって黙って待っているしかないということではない。企業がクリエイティビティの本質を理解し、予期せぬ改善とイノベーションとを能動的に促す方法を学んでゆけば、クリエイティブな活動は劇的に増加する。つまり、クリエイティビティは管理可能であると我々は考えている。

コーポレート・クリエイティビティを高める六つの要素

我々が調査した予期せぬクリエイティブな活動の全事例ににおいて、次に説明する六つの要素が重要な役割を果たしていた。これらの要素こそ、コーポレート・クリエイティビティを高めるための鍵である。どのようなクリエイティブな活動が起こるか誰にも予測できないのは確かだが、これら六つの要素がそろった環境下では、発生する可能性は大幅に増すと思われる。

つまり、クリエイティビティを「管理する」とは、クリエイティブな活動が発生する可能性を増大させることであり、この観点からいえば、カジノの運営にも似ている。各々のギャンブラーが特定のテーブルでいくら儲けるかは把握できなくても、充分な数の客が来店し、勝ち目のないギャンブルで存分に遊んでくれさえすれば、安定した利益が得られ、しかもその収益を予測することも可能であることをカジノ経営者は熟知している。短期的に見れば確率に左右されるが、長期的に見れば利益は確約されるのだ。

企業も同じだ。ある特定のクリエイティブな活動がどこから生まれ、どのような活動になるのか事前に知ることはできない。しかし、そういった活動が生まれる頻度を増すような施策を講じることは可能なのだ。

その六つの要素について簡単に説明しよう。本書の後半では、これらについて詳解するとともに、これらの要素を満たすために企業がなすべきことを「コーポレート・クリエイティビティを高める六つの条件」として提示する。

❶ 意識のベクトルを合わせる

一つめの要素、意識のベクトルを合わせるとは、組織が明確な方向性を持ち、全社員の関心や活動が組織の主たる目的と合致していること、つまり可能性を秘めたアイデアが芽を出したとき、すべての社員がそれに気づき、積極的に対応できる環境が整っていることを指す。方向性が明確でないと思われる企業でも、企業としての最低限の機能を果たすことは可能だろう。しかし、方向性が明確になっていなければ、常にクリエイティブでありつづけることはできない。

ところが、方向性が明確化されているか否かという点は見過ごされやすい。目に見えるわけでもなく、手にとって確かめることもできないからだ。そして、コーポレート・クリエイティビティの観点からいえば、方向性の明確化が徹底されているか、あるいは完全に欠如しているかのどちらか極端な場合のみ、その結果が即座に表面化する。

意識ベクトルの合致がどこまで可能なものか、方向性の明確化がどれだけクリエイティビティを成長させるものかを考えるために、第四章では、アメリカン航空で実施されている制度IdeAAs in Actionの事例を紹介する。アメリカン航空では、コスト削減に向けた方向性が明確で、先に挙げたコーヒーポットのカバーに関する改善を提案した客室乗務員は、コストを削減できるものであればどんな提案でも歓迎され、報奨を与えられるだろうと信じて疑わなかった。

もっとも、クリエイティビティにとって意識ベクトルの統一は両刃の剣でもある。コーポレート・クリエイティビティに限界を設定してしまう恐れがあるからだ。この点についても、アメリカン航空の事例の中で明らかにしていこう。

❷自発的な活動を促す

二つめの要素は、自発的な活動である。雪印乳業は新しいチーズ製造技術を開発するという計画はもっていなかった。堀は、自ら進んで問題を取り上げ、開発に着手し、会社に革新的な技術をもたらした。JR東日本の保守作業員や、英国航空の荷物係、アメリカン航空の客室乗務員もまた、自分の思いつきが実現可能かもしれないと考えてそのアイデアを発展させ、実現に結びつけた。

コーポレート・クリエイティビティが自発的な活動という形で現れることが多いのは、どんな動機から始まったものであれ、自発的な活動は、社員自身が興味を持って問題を取り上げる意欲や、それを解決できるという確信とともにあるからである。言い換えれば、他者によってプロジェクトが計画され、遂行される場合に比べ、社員の内的モチベーションが格段に高いからだ。そして、第5章で説明するように、クリエイティブな活動へと発展する、ある種の自発的な活動を促すことは、意外なほど容易である。

❸非公式な活動を認める

三つめの要素は、非公式な活動である。これは直接的かつ正式な支援がないまま、革新的で有用な何かを実現するという目的を持って開始される活動のことを指す。

雪印の堀の場合、非公式な活動は三年ほど続いたが、その間、そのアイデアを葬り去らずに温めつづけていたのは彼一人だった。もしどこかの時点で諦めてしまっていたら、彼のアイデアはそのまま忘れられていただろう。アイデアが斬新であればあるほど、企業内の抵抗や反対に遭う例は多い。非公式の活動は、斬新なアイデアが社内の抵抗に打ち勝つ力を得るまでの期間、実現の可能性を守る聖域の役割を果たす。

一方、プロジェクトに正式な承認が与えられたことをきっかけに、ありとあらゆる障壁がクリエイティビティの行く手を阻んだ事例もまた多い。さらに、はじめから計画に基づいて行われたプロジェクトには、終始そういった障壁がつきまとうことになる。研究が非公式のものであった期間、堀は本来の職務範囲を超えるものであっても、思いどおりの実験をすることができた。彼が牛乳の熱伝導性と凝固点との関係を発見し、それをチーズ製造に活かせるかもしれないと気づいたのは、この期間においてだった。

我々が調査したほとんどすべての事例で、クリエイティブな活動の核は、こういった非公式な活動の期間に育まれていた。

❹セレンディピティを誘発する

四つめの要素は、これもまた雪印の事例からも明らかだが、「セレンディピティ」である。セレンディピティは英語でよく使われる言葉だが、その風変わりな由来はおろか、もともとの意味がすでに失われていることも知らない人が多いだろう。しかし、元の意味を知れば、「幸運な偶然」の頻度を上げるために、企業は何をなすべきかが見えてくる。セレンディピティとは、洞察力の鋭さを備えた人物に起きた幸運な偶然が、やがて意義のある何かに発展することを指す。たとえば、雪印の堀が、熱伝導の実験をしながら、偶然にも長時間にわたって牛乳を熱しなかったら、そして、そのあと目にした結果が示す重大な意味に気づかなかったとしたら、セレンディピティによる発見はなかっただろう。

クリエイティビティは、一見、関連が薄いと思われる物事を結びつけたり、新たな関連を発見させたりする。二つの物事の関連が複雑であればあるほど、その二つの間に広がる知性で埋めるべき溝も広くなり、予期せぬ出来事が橋渡しをする役割も大きくなる。幸運な偶然は、たとえば牛乳の熱伝導性とその凝固点の間に横たわる溝に橋を架ける手助けをする。英国航空のパートにとっての幸運な偶然は、黄色と黒のタグの意味について乗客に尋ねられたことだった。DCM大宇の改善のきっかけとなったのがどんな幸運な偶然だったのか、我々にはわからない。もしかしたら、ある朝、二人の作業員のうちの一人が遅刻し、定時に出勤したもう一人が二人分の仕事をこなしていて、これは一人でできる仕事だと気づいたのかもしれない。

このようにセレンディピティは、クリエイティブな活動における主要な要素の一つであり、さらに、第7章で述べるように、企業はセレンディピティが起きる頻度を高めるような対策を施すことも可能なのだ。

❺多様な刺激を生みだす

五つめの要素は、多様な刺激である。刺激は、すでに着手した物事に新たな洞察を与えたり、まったく別種の活動を始めるよう促したりする。雪印の堀の場合、最も大きな意味を持った刺激は、水の熱伝導性を測定する新しい方法についての講演だった。けれども、ある特定の刺激に対し、特定の人物がどのように反応するかを予想するのは不可能であり、またある人物には刺激となった出来事に別の人物も必ず気づくとは限らない。ここで、刺激に反応して新たな可能性を考えていける「拡散的思考」というものが重要になる。

第8章では、多様な刺激を社員により多く与えるために企業が何をすべきかを論じる。会社は、社員に多様な刺激を与えるためにあらゆる手を尽くすべきであるが、同時に、この種の努力が身を結ぶことはまれだという現実も知っておくべきである。事実、刺激というのは、日々の生活や業務そのものとの関わりから生まれてくる場合が多い。したがって、刺激を与えようと努力するよりも、社員が受けた刺激や、その刺激が暗示する可能性について、他の社員と話し合い、拡散的に思考する機会を積極的に提供することのほうがはるかに意味があるのだ。そこにこそ、真の力が潜んでいる。

❻ 社内コミュニケーションを活性化する

六つめの要素は、社内コミュニケーションである。どの企業でも、計画に基づく活動を遂行するために必要なコミュニケーション・チャネルは構築されているだろう。しかし、こういった正式のチャネルは、コーポレート・クリエイティビティの獲得にとっては、あまり意味がない。堀の場合、自分の発見の可能性を探るため、実際にチーズ製造に携わる社員に話を聞いて深い知識を得る必要に迫られた。周囲の理解を得られなかった堀は、自発的に話を聞きにいくしかなかったのだ。

こういった思いがけない社内コミュニケーションは、比較的小さな企業では自然発生的に成立するが、大企業ではそうもいかない。組織の規模が大きくなるほど、クリエイティブな活動の要素がすでに社内に点在している可能性も高くなるが、それらの要素が何の支援もなく結びつくことはまず考えられない。つまり、規模が大きくなれば、潜在するクリエイティビティの総和も急速に大きくなるが、偶発的な情報交換を促進する制度が整備されていなければ、それが潜在から実在へと変わる可能性はないに等しいのだ。最悪の場合には、クリエイティビティは小さな企業でしか生まれないという仮説がまかり通ることになる。

この先もさまざまな事例を通して説明していくが、この種のコミュニケーションを成立させるのは、同じ部署で働く社員の間でさえなかなか困難だ。そうだとすれば、普通に仕事をしていれば顔を合わせることさえもない、別部署の社員とのコミュニケーションが果たして成立するだろうか。第9章では、社内コミュニケーションの重要性と、それを促進するために企業がなすべきことについて論じている。

調査の対象としたすべての企業に、その会社が潜在的に持つクリエイティビティは、現在の成果が示す以上に大きいはずだと考える人々がいた。彼らは正しい。しかし、クリエイティビティの本質が広く理解されなければ、現実は変わらないだろう。「計画を立て、管理する」というだけの経営を続けていては、潜在的クリエイティビティを引き出すことは永遠にできない。コーポレート・クリエイティビティの扉を開けるための鍵を握っているのは、計画外のクリエイティブな活動なのだから。我々が提案する六つの要素は、その扉の向こうにある無限の可能性への道を指し示している。

第2章

クリエイティブ神話

How preconceptions limit Corporate Creativity

真にクリエイティブなアイデアは、
職員の誰からも生まれるものであり、
それがどのようなアイデアで、どこから現れるか、
事前に知ることはできない。

フランク・B・ジューエット

AT&T 研究開発部門担当副社長（1925 ～ 1944）
ベル研究所創設者・初代所長

クリエイティビティは眠っている

クリエイティブな人物は「孤高の英雄的発明家」であるという固定観念は、現在も根強い。この固定観念のせいで、企業はいわゆる「エリートの罠」に陥る。高いクリエイティビティを持つとされるほんの一握りの社員だけに大きな自由を与え、潤沢な資金を与えるのだ。彼らエリートが持つクリエイティビティは、本当に発揮されるなら、もちろん貴重な財産といえよう。しかしそれは、企業が秘めるクリエイティビティのほんの一部にすぎない。

クリエイティブな人物は孤高の英雄的発明家であるという固定観念が生まれ、それが大衆文化と学究的文化の双方へ広まった経緯をさかのぼってみると、米国の個人発明家の黄金期と呼ばれた時代の発明ラッシュに行き着く。一八七五年にグラハム・ベルが電話を発明し、その翌年にトーマス・エジソンがメンローパーク調査研究所を開設したころ、黄金時代は幕を開けた。エジソンは、自身のひらめきを実現するために、才能を持った数多くの助手を雇い入れようと研究所を設立した。トーマス・ヒューズは、この時代を記録した著書の中で、次のように述べている。

一八七〇年ごろからの五十年間、合衆国ほど大きな創造力を示し、数々の才能に満ちた独創的な発明家を輩出した国は、他に存在しない。

しかしこの黄金時代も、一九三五年には終焉を迎えている。この年は米国内で、企業名義の特許数が個人名義のものを初めて上回り、メンローパーク式の研究がもはや通用しないことが明白になった年だ。さらに、今日の企業においては、知識の専門化と知識量の激増、業務の複雑化など数々の事情も手伝って、発明や創造が生まれる過程は様変わりしている。

ここで問題となるのは、我々は偉大な発明家の目覚ましい功績に目がくらみ、黄金時代の幕切れ以降、企業という枠組みのなかで行われてきた発明の数の多さ、計り知れない影響力に目を向けてこなかったという点だ。

たとえば、雪印の堀が始めたようなクリエイティブな活動が、記録として残され、語り継がれることはなかった。その結果、企業経営者の多くは、六十年以上も前の非凡な発明家の成功例から、筋違いの教訓を――固定観念を導き出してしまった。

孤高の英雄的発明家の時代は幕を閉じた。にもかかわらず、クリエイティビティについて考えるとき、そのイメージに囚われる人は多い。そしてエリートの罠に陥った企業は、自社に眠る真のクリエイティビティを発掘する機会を逃しているのである。

誰がクリエイティブかわからない

社員名簿を用意し、それぞれの社員一人しか把握していない業務を名前の横に書いていくとしよう。どの社員にも、最低一項目くらいは記入されるのではないだろうか。では、二人の社員しか知らない業務まで範囲を広げたらどうだろう。記入された項目はさらに増えるはずだ。完成したリストの項目が基礎となって、やがてクリエイティブな活動へ発展する場面は驚くほど多い。たまたまその業務を知っていた社員が好奇心を刺激される。たまたま適当な時間に適当な場所に居合わせたことが発端となって、クリエイティブな活動に結びつく。そう考えると、今日の企業において、とくにクリエイティブな素養を持つとは本人も含めて誰も認識していなかった人物が、予期せぬクリエイティブな活動の大多数を起こしていることは不思議ではない。経営者の目には意外に映るかもしれないが、この事実は、どんなに管理が行き届いた企業でも、次に挙げるような事項を予測できないことを照明しているのである。

- どの社員がクリエイティブな活動に関与するか
- どのような内容の活動か
- いつその活動が始まるか

●何がきっかけとなってクリエイティブな活動が始まるか

事実、これらを事前に知ることができないのだとすれば、「誰が（who）、何を（what）、いつ（when）、どのように（how）」に関する先入観を抱いた時点で、企業は自らクリエイティビティの芽を摘み取ってしまうことになる。ここから、「先入観を抱かない」という、コーポレート・クリエイティビティを高めるうえの鉄則を導き出すことができる。

コーポレート・クリエイティビティは、どの社員がクリエイティブであるか、その社員がどんな行動をとるか、その活動はいつ、どのように起こるか、といったことへの思いこみ度合に比例して制限される。

クリエイティブな社員を見つけ出すことを戦略の基礎に置くのではなく、すべての社員が持つクリエイティビティを伸ばすべく尽力することこそ、コーポレート・クリエイティビティ育成に結びつくのである。それが、本書の後半で述べる六つの要素の目指すことなのだ。

六つの要素について詳しく見ていく前に、「先入観を抱かない」原則と、それに附随する「クリエイティビティは予測不可能である」という本質をまず受け入れなければならない。先入観を捨てることが必要だ。そうしなければ、その先入観が、企業とクリエイティビティの秘める力との間に大きな壁として立ちはだかることになる。

パート職員が赤字財政を救う——マサチューセッツ州社会福祉局

「ABCワールドニュース・トゥナイト」の長寿コーナーに、毎週金曜日放送の特集「パーソン・オブ・ザ・ウィーク（今週の話題の人物）」がある。通常、この特集では、著名な政治家、財界人、社会的指導者をメインゲストとして迎える。

しかし一九九一年六月十四日、キャスターのピーター・ジェニングスは、マサチューセッツ州政府に勤務するパートタイム職員キャシー・ベッツをゲストとして紹介した。彼女は、金額に換算して五億ドル以上、将来にわたって毎年約二億ドルに相当する利益をマサチューセッツ州にもたらす大発見を成し遂げた人物だ。伝統的に民主党勢力が強いマサチューセッツ州で、二十年ぶりに共和党から選出されたウィリアム・ウェルド知事にとって、これほどタイミングのよい授かりものはなかっただろう。

州法では、知事は会計年度の最終日、六月三十日までに決算をまとめるよう定められており、その期日はわずか二週間後に迫っていた。もしこの思いがけない多額の収入がなかったなら「増税も借入も行わずに赤字を解消する」という最大の選挙公約を破り、さらには州の公共事業予算をまたしてもカットすることにもなっていただろう。

ところが、キャシー・ベッツのある発見のおかげで、マサチューセッツ州は一三五億ドルの州予算に生じた四億六〇〇〇万ドルの赤字を埋め、そのうえ二九〇〇〇万ドル程度の剰余金を次年度に繰り越すことまで可能になったのである。レイオフの波が訪れた直後で、気力をなくしていた四万四〇〇〇人の州職員にとっても、それは朗報だった。

二人の幼い子どもの母親でもある魅力的な女性キャシー・ベッツは、独力で、世間が抱く州職員のイメージや職員自身が抱くイメージを覆し、知事を救い、州民が待ち望んでいた活力を州全体に与えた。この一件が全国ニュースで採り上げられるほど全国民が驚いた大きな理由は、ベッツが、いわゆるクリエイティブな人物という固定観念からはほど遠い女性だったからだ。誰も彼女がそんなことをするとは予想していなかった——政治家も、メディアも、マサチューセッツ州の人々でさえも。彼女の功績は、他にはおそらく数人の州職員しか知らない業務から始まった。

治療費が回収できない！

一九九一年、キャシー・ベッツはマサチューセッツ州社会福祉局のメディケイド（医療扶助制度）部門に週三日勤務していた。本人はこの週三日のパートタイム勤務を歓迎していた。幼い子どもたちと過ごす時間を持つことができるからだ。

主な仕事は、州内に一〇〇カ所ほど設けられた、重症患者を短期間治療する救急病院に対してメディケイドから払い戻される保険金を管理することだった。メディケイドは、州が連邦政府から委任されて運営する低所得者のための医療保険制度である。その規定では、各州が受給者に代わって保険の適用範囲内の医療費を支払うよう定められている。そして、この支出一ドルにつき五十セントを、連邦政府がマサチューセッツ州に還付する（つまり国が半分を負担する）という仕組みだ。

一方でマサチューセッツ州は当時、これとは別に医療福祉賦課制度を独自に設けていた。これは、当然支払われるべき治療費であるにもかかわらず、患者に支払い能力がない、あるいは支払う意思がないという理由で治療費が回収できない「非補償型医療」の負担を軽減するための制度である。

どこの救急病院も、ほぼ例外なく「非補償型医療」の問題を抱えている。病院側には、保険の利かない患者の受け入れを拒否する権利が認められているが、それでも急患は無条件で診療するよう法律で定められている。もっとも「急患」という言葉の解釈は曖昧で、少なくともマサチューセッツ州内の病院は、慎重すぎるほどの対応をしているようだ。スタッフの目から見て、一刻を争う急患ではないことが絶対に間違いない場合を除いて、運びこまれた患者には必ず診察を受けさせ、治療を継続すべきかどうかはそのあとで判断することになっている。また多くの病院では、患者があらかじめ治療費免除の申請書を提出し、認めるかどうかは病院側の判断に委ねるという選択肢も用意している。各病院は、こういった無料診察の記録を一括して州に提出し、治療費を請求する。病院によってはこの回収できない治療費が歳入の二〇％にも上るケースがあるという。ボストン市立病院に至っては、貧困層が集中する地域のセーフティネットの役割を果たしているために、その割合は四〇%以上にも達する。

そこでマサチューセッツ州は、キャシー・ベッツが勤務する以前から、医療福祉賦課制度によって、負担にあえぐ救急病院を救済する努力を続けていた。州内の病院は、検査や外来患者の治療も含めた各種サービスに対する収入(メディケイドを通じて支給されるものを除く)に比例した特別賦課金を医療福祉局に納めるよう義務づけられていた。年間総額六億ドルにのぼるこの特別賦課金は、非補償型医療の負担が極端に多い病院に再分配される。つまり、この制度は、公共機関が民間企業の利益を再配分する――マサチューセッツ総合病院のように裕福な病院から、ボストン市立病院のように回収できない治療費の負担にあえぐ貧しい病院へ――というものだった。マサチューセッツ州ではこのような制度が長年にわたって機能していたのだ。運営するのは、この制度のために特別に設置された医療福祉局である。ベッツが勤務する、メディケアを取り扱う社会福祉局とはまったく別の機関であり、事務所も町の反対側に位置していた。

ガイドラインの解釈

一九九〇年後半、キャシー・ベッツはあることに気づいた。州独自の医療福祉賦課制度ではなく、メディケイドを通じて病院の負担額を補助するよう手続きを変更すれば、一ドルにつき五十セントの補助金が連邦政府からマサチューセッツ州に支払われ、州の収入にできるのではないかと。

ベッツのアイデアはこうだ。連邦政府が定めたメディケイドのガイドラインでは、極端に負担額の多い病院を救済するために州はメディケイド経由で支払った治療費のうち、五〇％は連邦政府による特別補助の対象として認められる。当時、ボストン市立病院のように経営を圧迫するほど多額の回収できない治療費を抱える病院を救済するため、マサチューセッツ州でもこの制度を利用していた。ボストン市立病院は負担額が極端に多く、州内の平均額をはるかに超えていたため、メディケイドはこの病院の救済に大いに役立っていた。

「極端に多額の負担」を「州内の標準値をはるかに越えた負担」と解釈することにより、社会福祉局は、ボストン市立病院に治療費を支給することを目的に連邦のメディケイドを利用することができたわけである。ボストン市立病院は、政治に大きな影響力を持つ貧困層の選挙民たちにとってなくてはならない病院であり、特別補助金の申請は、いつも問題なく承認されていた。しかし、医療福祉賦課制度で支払っている六億ドルに比べれば極めて少額だった。そのため、これをメディケイドに基づく連邦政府の補助金で埋め合わせようなどとは社会福祉局の人も医療福祉局の人も考えたことがなかった。

ここでキャシー・ベッツは、連邦のメディケイド規定には「極端に多額な」という言葉そのものは書かれていないこと、誰もが勝手に「経営を圧迫するほど多額な」という意味だと解釈していただけだということに気づいた。その解釈は紳士協定のようなものにすぎない。つまり、回収できない治療費が極端に多額であるかどうかは、州の判断に任されていたのだ。これは大きな抜け道だった。つまり、マサチューセッツ州の都合のよい意味にその文言を解釈することも可能だった。

たとえば、回収できない治療費がわずかでも平均を超えたら、あるいは、民間企業ならば赤信号がともるレベル、たとえば五％を超えたら「多額の負担に苦しむ病院だ」とみなすことも可能だった。そして、州が支払う補助金が年間六億ドルにものぼる現状では、メディケイドの特別補助金を受け取る資格を認められる病院数が増えれば増えるほど、連邦政府から州に支払われる金額も増加する。

ベッツは、医療福祉局が支払う医療福祉賦課制度による補助金を、メディケイドで定義される回収できない治療費と同じ性質のものと考えても問題がないか、医療福祉局の友人に念入りに調べさせた。そしてこの点が確認できると、そのアイデアを説明する短いメモを上司のモーリーン・ポンペイオに提出した。ポンペイオは読むなりそのアイデアの可能性を悟り、大喜びで飛び上がって、上司であるメディケイドのマサチューセッツ州局長に即座にそのメモを転送した。しかし、実現までには、まだまだ数多くの人々の協力をあおぎ、数多くの問題を解決しなければならなかった。

第一に、州独自の医療福祉賦課制度を廃止する必要があった。さらに、メディケイドを担当する社会福祉局がその管理を引き継がなければならない。また、「特別賦課金」という項目を「税」に変更し、その理由を片隅に小さな文字でさりげなく示すこととなった。この時点でベッツは、連邦政府が、メディケイド補助金の給付を過去にさかのぼって認めることはせず、新規の請求のみに対象を絞るだろうと予想していた。ところが、彼女はまたしても抜け道を発見する。

一九八八年に新システムに移行したことにし、しかも新システムの下で「多額の回収できない治療費」の還付が三年ごとに行われると規定しておけば、州は過去三年間に支払った治療費を連邦のメディケイド補助金の対象とすることができる。つまり、一九九一年六月に予定されていた補助金支払いは、相当な額にのぼる三年分の請求をまとめた新たな還付として認められるのだ！　結局、ワシントンでの官僚的プロセスにウェルド知事自身までが巻きこまれ、正式決定が下されるまで数カ月がかかったが、キャシー・ベッツのアイデアが現実になったという知らせがマサチューセッツ州に届けられた。

それからわずか四日後の六月六日の朝、州内のすべての救急病院が、旧医療福祉賦課制度に基づいて一九八八年以降に受け取った全額を電子振替で社会福祉局に返金した。その合計は一〇億四〇〇〇万ドルにも達した。同じ日の午後、社会福祉局は、「一九八八年改定」の新制度に基づく第一回の「極端に多額な回収できない治療費」還付金として、病院側に全額を払い戻した。それと同時に、受給資格を認められた五億二〇〇〇万ドルの連邦メディケイド補助金を請求するファックスがワシントンに宛てて送られた。

こうして、病院には一セントの損害も与えないまま、マサチューセッツ州は五億ドルもの授かり物を手にしたのである。その月末にはワシントンから小切手が届いた。そしてベッツのアイデアは、さらに毎年一億五〇〇〇万ドルから二億ドルの収入を州にもたらすことになったのだ。一九九七年までに、その合計は十四億ドルを優に超えた。

とはいえ、すべての人が満足したわけではない。マサチューセッツ州は、連邦政府に無理難題を押しつけたのだから。しかし、連邦メディケイド側代表として「ABCワールドニュース・トゥナイト」の特集に出演したゲイル・ウィレンスキーは、「けしからぬ行為なのは確かだが、完全に合法な抜け道を利用したマサチューセッツ州を非難することはできない」とベッツのアイデアを認めた。

新しい活動が有益で、それゆえクリエイティブであるとみなされるかどうかは、判断する側に左右される。マサチューセッツ州が手にした補助金を間接的に負担した他州の納税者の目には、彼女のアイデアは実に不愉快なものと映るだろう。

しかし、マサチューセッツ州では、彼女の行為は賞賛の的だ。ニューヨーク・タイムズ紙によれば、喜んだウェルド知事はこの一件で、州職員の価値を改めて認識し、議会に特別法案を提出した。キャシー・ベッツに一万ドルのボーナスを与え、今後コスト削減のアイデアを出した州職員にボーナスを支払う新制度を設けることを提案したのである。そして、キャシー・ベッツはボストン・グローブ紙に次のようなコメントを寄せた。

一パートタイム職員が大いに貢献できることを示す先例になればと願っています。

過剰なリストラ策

このキャシー・ベッツの事例は、現代企業において、クリエイティブな活動に誰が関与するのかを予測できない理由を如実に示している。ベッツが驚くべき発見をする以前は、彼女自身を含め、誰ひとりとして彼女を特別にクリエイティブな人物であるとは考えていなかった。

ウェルド知事は、最も意外な人物——州政府ピラミッドのはるか下層に位置するパートタイムで働く若い母親——から、探し求めていた宝の山を贈られた。もし総額十四億ドルに値するこのアイデアが州政府長官や高級官僚から出されていれば、知事もそう驚かなかったことだろう。しかし、これを思いつくほどこの制度を熟知していた人物は、おそらくキャシー・ベッツただ一人だったのだ。この点に関して彼女は次のようにコメントしている。

州政府では、業務が断片化されすぎている弊害がときおり見受けられます。私は十二年間、州で働いてきたベテラン職員でした。州の機関はすべて把握していましたし、各機関の業務内容も知っていました。その結果、断片化された業務を整理し、連邦政府から補助金を受け取る方法を思いついたのです。いま私が心配しているのは、州のダウンサイジングに伴い、レイオフされる対象が、私のような長年、州政府機関に勤めているベテランの中間管理職者だということです。残るのは若く経験の浅い職員ばかりで、経験豊かな職員のように断片を結びつけることなどとてもできないでしょう。本当は、誰かがやらなければならないことなのですが。

往々にして、「力のない」企業がリエンジニアリングをはじめとするリストラ策を講じて懸命に落とそうとするいわゆる贅肉は、まさにこの中間層の社員である。しかし、企業のクリエイティビティという観点からいえば、それは骨や筋肉を自ら削る行為に等しい。不幸にも、ベテラン社員や中間管理職者が生み出すような、間接的でタイムラグがあり、しかも広く薄い利益より、彼らに支払われる人件費の負担の方がはるかに目につきやすい。

だが、組織としての頭脳や人的ネットワークの核を形成しているのは、この層の社員なのだ。直接的なコスト削減や、貧弱なリエンジニアリング策——間接的に必要とされているものを少しずつ削り取っていくようなもの——を過剰なまでに重要視すれば、コーポレート・クリエイティビティを育てることは不可能になる。コスト管理は、生き残り、成功するために不可欠ではあるが、キャシー・ベッツも指摘したように、それが行き過ぎれば、クリエイティビティを損ない、コスト増よりも致命的な悪影響を及ぼすことになるのだ。

キャシー・ベッツには一万ドルのボーナスが認められたが、不思議なことに、ウェルド知事のもう一つの提案——コスト削減のアイデアに報奨を与える新制度——は、この一件の嵐がおさまるとそのままお蔵入りになった。州職員組合の猛反対にあったためだという。組合は、新制度の設置を認めれば、マサチューセッツ州の政治家が個人的な支援や情実のために濫用してきた功績報酬制度を婉曲に認めることになると主張したのだ。その後、クリエイティビティの観点からはさらに歓迎できない事態が起きた。一九九五年十一月、ウェルド知事が州政府のリストラ計画を発表したのだ。もしその計画に含まれる主要な施策の一つが一九九一年に実施されていたら、キャシー・ベッツのあの発見はあり得なかっただろう。知事は、一人の職員が州政府に勤務できる期間を十年に制限したのだから！

成功の過大評価、失敗の過剰批判

マサチューセッツ州は最終的にキャシー・ベッツの功績を認めたが、他の州職員にもクリエイティビティが潜む可能性を認めようとはしなかった。同じ過ちを犯す組織がこうも多いのはなぜだろうか。クリエイティブな活動が生まれると、企業はそのアイデアを活用する努力を開始し、それに関与した人物の功績を認め、報奨を与えることが多い。しかし、企業内の制度を変更してまで、他の職員のクリエイティブな発想を促そうとはしない。クリエイティビティの発掘を妨げる組織的な障壁を廃止しない理由の一つは、社員が自社内での出来事をどう認識しているか、その認識が不正確な場合が多いのはなぜかを理解すればおのずとわかってくる。

社会心理学者が提唱した「帰属理論」は、企業内で何かが起きたとき、その功績あるいは責任が誰に帰属するかを我々がどのように判断するかを考察したものだ。この理論によれば、我々の認識は次の三つの要因に大きく影響される。その出来事における自分の役割（当事者か第三者か）、自分が関わった度合、結果を成功と失敗のどちらとみなすかの三点である。

❶出来事を傍観しているだけの第三者は、関係者のそれぞれの特質がもたらした効果を過大評価する一方、組織が及ぼした効果を過小評価する傾向にある。

❷一般的に、その第三者と、関係者や出来事との関係が薄くなるほど、この傾向は強くなる。

❸ある人物やプロジェクトが成功したと見なされたとき、周囲の誰もが関係者の特質による効果を過大評価し、組織の及ぼした効果を過小評価する傾向がある。一方、部下が失敗すると、上司はその失敗を組織ではなくその個人の責任にしがちである。管理職者は、無意識のうちに、あるいは意識的に、組織全体を立て直すより部下個人を処罰する方が容易だと考えているためだ。

クリエイティビティに関するかぎり、ここに挙げた傾向はどれも同じ方向へ人々を向かわせる――成功した活動については個人の功績を過大評価し、クリエイティビティの欠如については過剰に非難するという「根本的な帰属錯誤」を犯す方向へと。

こういった傾向を認識することは重要だ。なぜなら、それは我々の考え方や行動に影響を与えるからである。プロジェクトの正否は関係者次第と信じる管理職者は、まずたった一つの要素を取り替えること――社員を入れ替えること――を考えるだろうが、職場環境の影響の大きさに気づけば、環境の方を改善しようとするだろう。我々が調査に訪れた企業で、根本的な帰属錯誤がもたらした結果をいくつも目の当たりにした。

この帰属錯誤の構造を理解すれば、クリエイティビティの育成のために最も多く採用されているであろう企業戦略――クリエイティビティが必要と思われるポジションすべてを、クリエイティブであると考えられる人材で埋める戦略――の背景にある論理を理解することも容易になる。そのような戦略が有効だと信じる人々は、クリエイティブな人材を発見して雇用するための手引きや、いまいる社員のクリエイティビティを伸ばすための研修法を求めて、クリエイティビティを論じた本を手に取るだろう。

確かに、将来クリエイティブになりうる素質を持った人材は存在する。だからといってクリエイティブな人材に限って採用したり、あまりクリエイティブとはいえない社員を辞めさせ、クリエイティブだと思われる別の人材を後釜に据えることが、コーポレート・クリエイティビティを育てる近道だということにはならない。そのような取り組み方をすれば、その企業のクリエイティビティは低いレベルに留まることになるだろう。

個人のクリエイティビティに関する調査は実に数多く行われているが、将来クリエイティブになる人材を見抜くための確実な指標は――たとえば、彼女こそ将来一〇億ドルに値するアイデアを思いつく人物だと指し示して、マサチューセッツ州にキャシー・ベッツの雇用を決意させるような指標は――未だ発見されていないからだ。

それでも、企業は、何らかの基準に基づかなければクリエイティブな人材を獲得し、管理することはできないと強調する。不運にもこういった評価基準は、企業がどれほど固執しようとも、クリエイティブな人物についての不適切な固定観念と何ら変わるところがない。この章の後半と次章では、この固定観念がいかに不適切であるかを説明しよう。こういった固定観念は、ぜひとも捨てなければならない。これを捨てないかぎり、クリエイティビティを育てることはできないだろう。

先入観が招く悲劇

「クリエイティブな人材」を見抜く判断基準はないに等しい。したがって、社内にクリエイティブな人材だけを揃えるのは不可能である。また、たとえ事前にクリエイティブな人材を的確に見抜くことができ、社内をクリエイティブな人材で埋め尽くしたとしても、クリエイティビティの育成を促す職場環境が整っていなければ、結果だろう。ほとんどの企業において、クリエイティビティの種はすでに蒔かれていると仮定すれば、その将来を左右する苗床は職場環境である。

旧ソビエト連邦の事例を考えてみよう。革命のはるか前、旧ソビエトのイデオロギーの父カール・マルクスは、「科学技術の進歩」は社会主義の発展に欠かせぬ要素であると指摘した。ピーター・ドラッカーは次のようにマルクスを評している。

マルクスはテクノロジーの真価を熟知していた——彼は最初にしていまなお最高のテクノロジーの歴史家である。

歴史を振り返ってみると、ソビエト連邦は、とくに科学技術の進歩に重点を置いて西側諸国に追いつこうと努力してきた。科学やエンジニアリングの分野に強くなければ、政府や主要企業の指導者にはなれなかった。たとえば、一九八〇年当時、ソビエト共産党中央委員会政治局メンバーのおよそ八〇%がエンジニアリングの学位を持っており、一九九〇年までには、ソビエト連邦内で働くエンジニアの数は世界中のエンジニアの半数に当たるほど増加していた。これらの科学者やエンジニアは、世界で最も優秀で、最もクリエイティブであるとの評価を得ていた。旧ソビエト連邦が持つ潜在的なクリエイティビティの総和は計り知れないものだった。ところが現実には、ソビエトの科学技術が期待された進歩を遂げることはなかった。それはなぜだろう。一九九〇年に我々がインタビューしたソビエトの物理学者は、その理由を実に明快に表現した。

誤った組織は常に優れた才能を駆逐する。

クリエイティビティの育成を促す環境が整っていなければ、そこにはまた別の先入観が生まれてくるだろう。クリエイティブな人材とは、エキセントリックな振る舞いをし、風変わった服装をし、経営陣を軽蔑し、規則を片っ端から破る社会のはみだし者が多い、という先入観だ。次の章で論ずるように、現実には、エキセントリックな人物かどうかという基準は、将来クリエイティビティを発揮するかどうかを判断する指標としては根拠が薄い。

これまで述べてきた他の先入観と同様、これもまた有害な先入観の一つといえる。しかし、誤った組織でクリエイティビティを発揮する人物は、確かに他人よりも制約の少ないエキセントリックな人物であることが多い。まさに予期した通りの人物なのだ。すると、その先入観はさらに深く浸透してしまう。結果として企業は、固定観念に当てはまる社員にだけクリエイティビティを求めるようになっていく。そして最終的には、自社内のクリエイティビティの大部分を構成する多数派をないがしろにしはじめる。

標準化された業務にもクリエイティビティは発揮される

全社員の氏名と、その一人だけ、あるいは他に一人か二人しか知らない業務を挙げる架空のリストについてはすでに述べたが、そのリストでは、どの社員の名前の横にも何かが記載されているだろう。しかしそのことは、どの社員がクリエイティブな活動に貢献し、それがどういった行動になるかを企業が予測できない理由の一つでしかない。もう一つの理由に、定型業務と非定型業務にまつわる事情がある。

仕事とは、定型業務と非定型業務の組み合わせで成り立っている。定型業務とは、計画を立て、着実に行うべき種類の業務を指す。どんなビジネスにおいても、定型業務には確実性と予測可能性が要求される。質の高い製品やサービスを適正な価格で顧客に提供するには、それが不可欠である。また現代企業では、ほとんどの業務に多数の人々が関わるため、業務の標準化が効率、安全性、品質の鍵となる。

しかし、業務が標準化されたからといって、クリエイティビティの必要性は薄れるどころか、全社規模に、さらには顧客や取引先のネットワークにまで広がっていく。たとえ業務が究極まで標準化されようと、予期せぬ出来事は、いつどこで予告なく起こるかわからないからだ。企業は、いつどこで予期せぬ出来事が起きるか予測できない。どの社員がその事態に気づくか、どんな知識を活用してそれに対処するかを予測することはできない。業務の九九％までが定型化されていても、残りの一％の非定型業務が企業に及ぼす影響は測り知れないのである。

先に述べたように、ＪＲ東日本が販売する「大清水」の水は、事業計画にはなかった予想外の出来事から生まれた。興味深いことに、ＪＲ東日本は、全社員を対象として新たなベンチャービジネスのアイデアを募集する独自の制度を設けている数少ない企業の一つである。そのような新規ビジネスのアイデアが誰から出されるか、そのアイデアが会社をどこへ導くのか、そのようなアイデアが発掘されるにはどのような対話が事前に必要か――そういったことは予測不可能であるとＪＲ東日本は熟知していたのだ。

今日では、極限まで標準化された業務をこなす最前線の社員を含めた誰もが、適切な時に適切な場所に居合わせた適切な人物となりうる。たとえばその人物は、キャシー・ベッツのように、情報の核となる断片を知る企業で唯一の人物かもしれない。そして何か突発的なことが起きたとき、そのことに気づいてそれに対処できる企業で唯一の人物なのかもしれない。また、顧客とのやりとりが刺激となってそういった事態が生じる場合も多い。

著者の一人、サム・スターンは、ボストン銀行のある窓口係にそのような刺激を与えた。サム・スターンがハーバード大学での夏期講習からの帰途に遭遇した出来事を以下に説明しよう。

講義をすべて終え、オレゴン州の自宅に戻る前に、私は海外での会議に出席することになっていた。出発前に、受け取った講師料を自分の口座へ入金しておこうと思い、その小切手を発行したベイ・バンクの支店へ行き、送金してもらうのが一番簡単だろうと考えた。

私の用件をひと通り聞くと、担当の窓口係はこう答えた。

「申し訳ありません、まずこの小切手が換金できるか確認しなくては送金できません」

そこで、この小切手はこの銀行が発行したものだから、振出元の口座に充分な預金があるかどうかはすぐに確認できるはずだと言うと、窓口係はこう言った。

「私にはわかりかねます。上司に聞いてまいりますので」そしてしばらくして戻ってくると、私がベイ・バンクに口座を持っていれば送金できると言う。ベイ・バンクに口座はないが、送金手数料は支払うと私は答えた。

「それはできかねます。ベイ・バンクに口座のあるお客様でないと、電信送金は承れません」

私はしばらく考えた。

「では、新しい口座を開きましょう」

「わかりました」そう言って彼女は、口座開設の定型手続きを始めた。どういったタイプの小切手がお要り用でしょうか？　ATMカードはご用意いたしましょうか？　当銀行のクレジットカードをご用意いたしましょうか？　などなど。私は、小切手は要らないし、ATMカードも銀行のカードも何も必要ないと答えた。そうこうするうちに必要書類が揃った。こうして私は受け取った小切手を預け入れて、新しい口座を開いた。「では、電信送金をして下さい」

ふたたび、定型化された手続きが繰り返され、送金先はどこか、いくら送金したいのかと尋ねられた。私はオレゴン州にある銀行の名前を言い、いま開設した口座に入っている全額を送金したいと依頼した。電信送金用の書類が揃うと、次に私はいま開いた口座を解約したいと言った。「かしこまりました」窓口係はそう答えて必要書類を取り出し、解約手続きを始めた。ようやくすべての手続きが完了すると、彼女は言った。「ご存知ですか? こんなことをなさったお客様は初めてですよ」

些細な経験と思われるかもしれないが、窓口係にとってこのときの非定型業務は、クリエイティビティを発揮する機会ともなりえた。あの銀行は、新サービス開発の可能性を探ったり、既存の手続きを再検討したりする必要性を見出したかもしれない。だが、彼女はあのまま何もしなかっただろう。彼女の職場には、窓口係のクリエイティビティ発揮を促す環境などなかっただろうから。

明らかに、手順を容易に変更できる仕組みがなければ、標準化された手続きはまもなく融通の利かぬ存在となり、手順を至上のものとするような環境が生まれる。たとえば航空業界は、おそらくどのビジネスよりも標準化された手順に依存し、業界の誕生以来ずっと安全性を高めることを目指してきたために、どんな些細な業務であれ、またどんなにまれにしか起こり得ない状況への対処法であれ、すべての手順が整然と定められている。

だが、そこまで標準化が徹底された職場にも、クリエイティビティは入りこむことができるはずであり、また入りこむ余地が残されているべきなのだ。確かに、企業や業界で蓄積されたノウハウを具体化したのが業務手順であり、厳格に守られるべき詳細な手順が存在しなければ、航空会社は見事なまでの無事故記録を持続させることはできなかっただろう。

しかし、手順の標準化によって、航空会社職員がクリエイティビティを発揮する機会を奪われたわけではない。これについては、英国航空のイアン・ハートの事例ですでに紹介した通りであり、この事例は第四章でも再度詳しく検証する。

予測は不可能である

計画外のクリエイティブな活動に誰が関与するか事前に知ることが不可能であるのと同じように、その活動がどのような種類のものになるのか、いつどのように生まれるのかを企業が予測するすべはない。ここで、低カロリー甘味料アスパルテームの一ブランド「ニュートラスイート」が発見されるきっかけとなった出来事を紹介しよう。この出来事は誰にも予測できなかったどころか、そもそも起きるはずのないものだった。

厳格な安全規定が徹底された現在の化学研究所では絶対に起こり得なかった一連の出来事がなかったら、ニュートラスイートそのものも、現在モンサント社傘下にある十億ドル企業ニュートトラスイート社も存在していなかっただろう。当時の化学研究は、現在とまったく違ったやり方で行われていたのだ。

偉大な発見へとつながった、通常ならば起こり得ない一連の出来事は、一九六五年のクリスマス前のある朝、イリノイ州スコーキに本社を置く製薬会社GDサールの研究所で始まった。

不測の事故は甘かった

ロバート・メイジャーが所長を務めるこの研究所では、新しい抗潰瘍薬の研究開発が行われていた。その当時は、潰瘍の原因となる胃液の分泌を促すホルモンに似た化学物質を人工的に合成する方法を研究していた。メイジャーらが期待を寄せていた物質の一つは、ペプチドと呼ばれる五種類のアミノ酸から成るペンタペプチド分子を基にしたものだった。

その朝、メイジャーは助手の一人、三十三歳の有機化学者ジム・シュラターに、このペンタペプチド分子の構造単位の一つ、アスパルタイル・フェニルアラニン・メチル・エステルというジペプチド（二つのアミノ酸から成る分子）の実験をするよう指示した（のちにGDサールの法務部が「メチル・エステル」の頭文字MとEをアスパルタイル〈aspartyl〉と組み合わせて、このジペプチドの一般名アスパルテーム〈aspartame〉を作ったとされる）。

この実験の過程で、再結晶化と呼ばれるプロセスを利用して化合物から不純物を取り除く必要が生じた。このプロセスでは、精製される物質だけが溶媒の沸点で溶解するよう溶媒を選択するのだが、こういった実験では普通、メタノールが選ばれる。溶液がふたたび室温まで冷えたとき、不純物は溶解したままで、取り出したい化合物の純結晶だけが沈殿する。その温度ではその化合物は溶媒に溶けないからだ。

この再結晶化のプロセスは、世界中の化学研究所で日常的に行われている、非常に単純で定型化された手順である。しかし、少なくともこの日は、このプロセスから、まさに驚くべき結果が生まれたのだった。

ジム・シュラターはメタノールの入ったフラスコにジペプチドの塊を入れ、ゆっくりと揺らしながら蒸気加熱装置へ入れた。この装置で温めている間に最初の事故が起きていたのだが、彼はそれに気づいていなかった。それは研究者の俗語で「バンピング（爆発）」と呼ばれる現象だった。シュラターはジペプチドの塊をメタノールに入れて溶かそうとしていた。ところが、彼の気づかぬうちに、メタノールは過熱し、沸点を超えていた。そのためシュラターがフラスコを軽く揺すったとたん、ジペプチドの塊は大量の泡を発しながら爆発的な勢いで溶解した。この現象は瞬時に起きるため、溶液の一部がフラスコの口から噴き出してしまう。このときもメタノールがフラスコから勢いよく溢れ出した。そしてこの瞬間、もう一つの重要な出来事が発生した。

シュラターはこのジペプチドが有害であるとは思っていなかった。ジペプチドを構成するアミノ酸は、自然界に、たとえば肉や果物、野菜などに存在し——ただし、別々にだが——それゆえ、人体にも存在する物質だからだ。さらに、現在の化学研究の現場では考えられないことだが、シュラターは保護手袋をしていなかった。そのため、少量の溶液がむきだしの手に飛び散ったのだ。滴が跳ねたことには気づいたかもしれないが、シュラターはとくに危険だとは考えなかった（メタノールの沸点が水よりもはるかに低いことを考えると、火傷するほど高温でなかったことは確かだろう）。だから、手を洗おうという考えは浮かばなかった。これこそ、ニュートラスイートの開発裏話を知る人々が、現代の研究所ではニュートラスイートは決して生まれなかっただろうと考える最大の理由である。いまでは考えられない行動をシュラターはすでに二つ行っていた。まず、保護手袋をしていなかったこと。そして、皮膚に付着した物質をすぐに洗い落とさなかったこと。しかし、このあと、シュラターの鋭い観察力とそれまでの研究が活かされたのは、現代の実験手順に反する出来事――今日では言語道断と呼べる行為――がさらにもう一つ起きたからだった。彼はその化学混合物をなめたのだ。

バンピングを些細な事故と考えたシュラターは、そのことを忘れ、別の作業を始めた。そしてその日の昼近く、別の実験の準備をしているとき、ある物質のサンプルを計り分ける必要が生じた。化学の世界では、秤の皿が汚れている可能性を考慮し、物質が混ざり合うのを防ぐために、秤に清潔なものを敷いてからサンプルを載せる。シュラターは、当時、一般的に使用されていたグラシン紙という特殊な紙を使った。この紙の表面は実になめらか（どんな物質もこびりつかない）なうえにとても薄いので、一〇〇〇枚一束で販売されていた。そしてジム・シュラターには、滑らないよう指先をなめてから一番上の一枚を取る癖があった。そのころ上司だったロバート・メイジャーは次のように言っている。

いまどき、そんな癖のある化学者はいないでしょう。安全に対する意識が強くなっていますから。

シュラターは指をなめた瞬間、妙な味がすると考えた——ひどく甘かったのだ。最初に思い浮かべたのは、朝食の甘いロールパンだった。しかし、朝食のあとに手を洗ったことを思い出した。そこで、この甘ったるい味は何だろうかと考えはじめた。朝からの自分の行動を振り返り、その驚くべき甘さの源はジペプチドらしいとすぐに思い当たった。その甘みは、砂糖のおよそ二〇〇倍という強烈なものだった。

シュラターはロバート・メイジャーにこの発見を報告した。メイジャーも味見をし、シュラターの同僚の研究員も味を確かめた。三人は即座に、目の前にあるのが大きな意義を持ちうるということを悟った。

当時、サッカリンとチクロという二つの人工甘味料がすでに広く使用されていた。しかし、そのどちらも非難の的となっていた。消費者団体が揃って発ガン性があると指摘していたのだ。さらに、鉱物を原料とするサッカリンは、苦みや金属的な後味を感じる人も多かった。チクロも苦い後味があるとされていて、一九六九年以降、安全性を理由に市場から姿を消していた。

この朝、三人の研究員を驚愕させたのは、純粋な甘みと後味のよさはもちろんのこと、その新しい物質が従来の人工甘味料とは全く異なる化学物質から生成されたことだった。シュラターとメイジャーは大喜びで研究本部長のバイロン・リーグルのところへ飛んでいき、この興味深い新しい化合物について報告した。リーグルも即座にその発見の意義を見抜き、こう叫んだという。

これまでにもらった中で、最高のクリスマスプレゼントだよ。

朝食と昼食の間のわずかな時間に、これだけの出来事が本当に起きたのだ。

GDサールは医薬品を製造する会社であり、またシュラターは抗潰瘍薬を研究開発していたのだが、この一件からほどなく、GDサールは人工甘味料ビジネスに参入することになる。シュラターは、GDサールの歴史の中で、最も利益を生んだ製品の一つを開発したのだ。

シュラターの発見後しばらく、事態は急速に展開した。経営陣はその発見を喜び、全面的な研究開発にゴーサインを出した。シュラター、メイジャー、それに別の助手が専任で四年間にわたって研究を続け、のちのアスパルテームと化学的に近いジペプチド化合物を三〇〇～四〇〇種も生成し、特性比較を行った。たとえば、甘味の強度を確認し（生成した化合物を自ら味見するという、今日ではまず行われない確認方法である）、予備的な安全性の検査を行い、製造コストを見積もった。こういった数々の検査の結果、勝ち残ったのは、皮肉にも最初の化合物——アスパルテーム——だった。GDサールは、ナチュラルさと甘さを兼ね備えた甘味料であるというメッセージを込めて、これをニュートラスイートと名づけた。

しかし、アスパルテームが商品化されるまでに、それから実に十六年の年月を要した。長期間にわたった安全性の検査は一九六九年に終了し、その三年後、GDサールは食品医薬品局に新しい人工甘味料の承認申請をした。食品医薬品局が、乾燥した状態での使用に限るという条件を付けてアスパルテームをようやく承認したのは、一九八一年のことだった。食卓用の甘味料（アメリカ国内で〈イークォール〉として発売された）、またはクール・エイドのような粉末飲料剤の甘味料としてのみ販売が許可されたのだ。その後、一九八三年に炭酸飲料への使用を全面的に認められ、アスパルテームの最大の市場となっている。

現在ニュートラスイートは、口臭防止用ミントから冷凍デザートに至るまで、五〇〇〇種類以上の製品に使用されており、一〇〇カ国以上で販売されている。インド、中国、アフリカ諸国といった、国内需要を賄う充分な砂糖を生産できない国では、ニュートラスイートは他の甘味料と混ぜて一般的な甘味料として利用されている。一九八五年、ニュートラスイート社は親会社のGDサールとともにモンサント社に買収された。ニュートラスイート社の一九九六年の総売上高は十億ドル。製薬会社の研究部門で研究対象となった化合物の大多数（九九・九九％）の例に漏れず、メイジャーとシュラターが当初研究していた抗潰瘍薬は、日の目を見ないまま終わった。ロバート・メイジャーはこう述べている。

真に新しいものは、その性質を予見することができないため、意図して発見できるものではない。ニュートラスイートの場合も例外ではなかった。我々の会社、GDサールは食品会社ではなかったし、食品製造には一切の関心を抱いていなかった。まったく別の目的で生成した化学合成物質がそれまでにない味を持つものであると判明したのは、純粋な偶然からだった。のちにニュートラスイートと命名されたその化学物質が、まさかそのような味を持っているとは、まったく予想できなかった。

その偶然から二十五年後、アスパルテームの特許権が切れ、あのときジム・シュラターが指先をなめなかったら存在していなかったはずのニュートラスイート社は、激烈な市場競争の重圧にさらされることになった。興味深いことに、この会社では、新製品開発研究の一環として、ニュートラスイート発見の原点に立ち返り、社史に深く刻まれたセレンディピティを意図的に起こそうという動きがあったという。一九九五年の暮れ、成果は得られたかとニュートラスイート社の重役に尋ねてみた。すると「いや、まったく」という答えが返ってきた。驚くには値しない。この会社が試みたのは、将来何が起こるかを予測することだったのだから。あの幸運な偶然が起きる以前は、自社が食品製造に携わってさえいなかったことを忘れていたのかもしれない。GDサールが抱いていた自社イメージは、すでに失われた。

さて、次章では、どの企業も捨てなければならない別の種類の先入観について論じることとしよう。その先入観も、クリエイティビティを損なう要因の一つである。

第3章

真にクリエイティブな人物

What do we really know about Creativity

「では、『鶏の雄叫び』をやってみましょう」とセッション・リーダーが提案した。すると十数人の管理職者は上着を脱ぎ捨て、立ち上がった。中西部の大企業の副社長は、顔を赤らめ、気恥ずかしそうに部屋を見渡す。まずリーダーが雄叫びをあげた。一人、また一人と参加者が加わる。腕をばたつかせ、つま先で床を引っ掻く真似をする。ついには、本物の雄鶏さえも羨みそうな雄叫びが部屋中に響き渡った。ずいぶんと奇妙に聞こえるだろうが、アメリカではこういったセミナーが一つのビジネスとして成立するようになっている。宣教師を思わせる情熱とともに、「クリエイティビティ・コンサルタント」たちは企業を回り、管理職たちの耳に福音をささやき、好奇心をあおる。「努力すればあなたもクリエイティブになれる」「ビジネスとは相手の話に耳を傾けること」……。参加者は、秘められたクリエイティビティの花を開かせるという訓練法を次から次へと教えこまれる。「鶏の雄叫び」をはじめ、「空高く舞う風」といった訓練法を駆使して、クリエイティビティ・コンサルタントは、新しいアイデアを封じこめる固い頭を柔らかくしようとしているのだ。

エミリー・T・スミス

『ビジネスウィーク』1985年9月号掲載記事から
「クリエイティビティ・セミナー」に関する部分を抜粋

クリエイティブな人物像

クリエイティビティは、数千年もの昔から人類を魅了してきたテーマである。その魅力ゆえに相当数の研究がなされ、本が著されてきたが、その多くは、ずば抜けたクリエイティビティを発揮した人物の個人としての特性に焦点を合わせている。この章では、我々がクリエイティビティについてどのような知識を持っているか、人は果たして学習を通じてクリエイティブになれるものなのかを考察しよう。

皮肉なことに、クリエイティビティに関する知識はビジネスの世界でほとんど活かされておらず、またせっかく活用されている知識も現実には機能していない。これから説明するように、人の性格とクリエイティビティとの関係について現在知られていることは、前章で述べた「先入観を持たない原則」のなかの最も重要な項目——将来のクリエイティブな活動に誰が関与するか予測することはできない——をひたすら裏づけるものなのだ。

まず最初に、次の各疑問点について簡単に考察してみることとしよう。知能や年齢や専門知識は、その人物のクリエイティビティにどういった影響を与えるか。あえて危険を冒したがる人物は、そうでない人物と比較してよりクリエイティブだというのは事実か。また社会的抑圧の少ない人物、たとえば「鶏の雄叫び」をして一時的に抑圧を振り払った人物は、真にクリエイティブなのか。

いくつもの答えを導きだす力

一般的に、クリエイティビティは知能の向上とともに豊かになるものと考えられている。ところが実際の調査では異なった結果が出ている。

たしかに、ある程度までは知能とクリエイティビティは比例する。しかし、職務を充分こなせるだけの知能を備えた時点から、どの人物のクリエイティビティも似たようなレベルにとどまり、比例関係は崩れはじめるのだ。もしこれが事実であれば（我々はそう信じているが）、すでに雇用されている社員が職務をまっとうするのに充分な知能を備えている場合、知能はもはや、各社員が秘めるクリエイティビティを測るものさしにはなりえない。ここまで考えると、議論は一巡して「先入観を持たない原則」に戻ってしまう。

現在、知能とクリエイティビティは（たとえそれぞれをどう定義しようとも）相互に関連しながらも独立した特性であると理解されているが、この二つが区別して考えられるようになったのは比較的最近のことである。歴史的に見ると、心理学者がクリエイティビティの研究を始めるきっかけとなったのは、知能を測ろうという試みだった。

最初に知能の測定に挑んだのは、アルフレッド・ビネーと弟子のセオドア・シモンで、この二人は一九〇五年に、フランスの学校向けの知能検査を共同開発した。これは通常のクラスでは学習が困難な児童に、特殊教育を受けさせるべきかどうかを判定するために開発された検査だった。

このビネー＝シモン式知能検査は、現在、行われているあらゆるIQテスト★の原形となった。はじめのうち、この知能検査には狂信的な支持者がいた。人間の一般知能（general intelligence）、すなわちイギリスの計量心理学者チャールズ・スピアマンが一般因子（g因子）と呼んだ要素を数値化することも可能であると信じられた。

しかし、このころすでに、知能検査を批判する学者も存在した。中でも、声高に批判したのが、シカゴ大学のルイス・サーストンで、スピアマンのg因子の概念には問題があると考えていた。彼は工学の学位も持ち、トーマス・エジソンの助手として働いた経験もあって、新しい知能検査の支持者にとっては手強い敵となった。精神測定学会を創設し、現在では名門雑誌に成長した「サイコメトリカ」を創刊した人物でもあり、また因子分析の手法としてよく使われる統計的手法の開発者でもある。サーストンは、知能は一つの一般因子で構成されるものではなく、複数の特殊因子の組み合わせで成り立っていることを証明する手段として、彼の因子分析手法が研究者に利用されることを望んだ。

知能に関するサーストンの概念は時代の最先端を行くもので、その考え方は、別の心理学者J・P・ギルフォードに大きな影響を与え、彼は研究者としてのキャリアの大部分を、知能を構成する因子の特定に捧げることになった。やがてギルフォードは一〇〇以上の因子を特定し、「知能の構造」と命名された複雑なモデルを作り上げた。このモデルのなかで最もよく知られているのが、

★　ある人物が備えるあらゆる種類の知能を、数値で表す検査

「拡散的思考」と呼ばれる因子だろう。ギルフォードはこの因子を、一つの質問に対して、独創的でそれぞれ異なった複数の解答を作り出す能力と定義している。そして、拡散的思考ができる人物は、「集中的思考」をする人物よりもクリエイティブであるとした。集中的思考とは、唯一の正しい解答に向かって思考の範囲を狭めていくような思考プロセスを指す。

一九五〇年、ギルフォードはアメリカ心理学協会会長に選出され、就任挨拶の場を借りてクリエイティビティと呼ばれる現象の理解こそ心理学会が最優先で取り組むべきものであると論じた。このスピーチは、クリエイティビティ研究の歴史を変えた。まもなく、これに刺激された多くの心理学者がクリエイティビティ研究を始めたのである。

ギルフォードの演説以前の二十五年間に発表されたクリエイティビティに関する論文は、総計でも二〇〇に達しない。ところが、彼の演説を境に、一九六〇年までの十年間でそれとほぼ同数の論文が毎年発表されている。また、ギルフォードは一九五〇年の演説で、ＩＱテストを使えば潜在的なクリエイティビティを測定できるという一般的な見解に対し、懸念を抱いていることを明らかにしている。彼は大胆にも次のように言ってのけた。

知能検査の内容を吟味すると、これがクリエイティブな特性を測定する検査とはとても呼べないことがわかる。

クリエイティブな素質の有無は、高い知能やＩＱの有無に決定されると多くの人が信じている。

しかしこれは不適切な考え方であるばかりではなく、この概念の存在自体が、クリエイティブな人物に対する理解が進まない最大の原因となっている。

今日に至るまで、知能の測定法にしても、クリエイティビティの測定法にしても、学者が一様に認める測定法は存在しない。そのため、両者の関係を研究する学者は、多種多様な、別々の測定法を使って二つを数値化してきた。それでも、驚くほど矛盾のない結果が表れている。

一九六二年にシカゴ大学大学院研究室で実施された、この分野の研究のパイオニア的実験では、IQ約一二〇以上の知能を持つ人物の場合、知能の高さとクリエイティビティの豊かさの間には、何の関係も見出されなかった。ポール・トーランスが同様の研究をミネソタの学齢児に対して行っているが、ここでも同じ結論が導き出された。また、職場環境における知能とクリエイティビティとの関係を考察する少ない研究の一つが、カリフォルニア大学バークリー校のパーソナリティ・アセスメント・アンド・リサーチ研究所のドナルド・マッキーノンの手で行われている。この研究でも、IQがある程度のレベルに達している場合、知能とクリエイティビティの間には何の関係もないことが確認された。

必要最低限の知能レベルは職種によって大幅に異なり、驚くほど低い知能でも充分とされる例もあり、そのレベルを超えた人物についていえば、知能が高いからといって必ずしも豊かなクリエイティビティを発揮するとは限らない。知能の高い人間は必然的にクリエイティビティの高い人間であるとする根拠は何一つない。

我々の調査結果も、クリエイティビティを研究する学者がおおむね認めているこの見解と一致している――仕事に必要な知能レベルに達していれば、その仕事の領域では、誰もが同程度のクリエイティビティを持つ。とすれば、クリエイティブな活動に将来誰が関与するかを知能に基づいて予測することは、不可能だということになる。

経験と熱意のバランス

クリエイティビティは年齢とともに衰えるという見解は決して目新しいものではなく、一見したところでは、調査によって裏づけられているようにも映る。一〇〇年以上前、南北戦争に従軍した経験を持つニューヨークの医師ジョージ・ビアードは、年齢が知能にどのような影響を及ぼすかという点に関心を抱いた。そこで一〇〇〇人以上にのぼる著名人の伝記を丹念に研究した結果、クリエイティビティは四十歳前後を頂点に、それ以降は徐々に衰えるものだという結論に至った。

ビアードは、人間の十年ごとのクリエイティビティを、それぞれ異なる物質になぞらえて表現した。二十代は真鍮、三十代は黄金、四十代は銀、五十代は鉄、六十代は錫(すず)、そして七十代は木。世界中で生まれたクリエイティブな功績の七割が、四十五歳以下の人々の手によるものと推計し、さらにその約半分が、「黄金の十年間」に生まれたと分析した。

ビアードの調査から八十年後の一九五三年、ハーベイ・リーマンは著書『Age and Achievement (年齢と功績)』のなかで、クリエイティビティと年齢の関係について、いくぶん難解な研究の結果を発表した。リーマンの発見はビアードの研究結果とほぼ同じだったが、携わる分野によってクリエイティビティと年齢との関係に違いがあるという見解を付け加えた。たとえば、科学の分野では、クリエイティビティのピークは二十代後半から三十代前半にかけて訪れるのに対し、人文科学の領域では四十歳近くになってから現れるという。実際に、科学の分野——とくに物理学や数学——で最もクリエイティブな功績を残すのは比較的若い研究者であるとの認識は、昔から一般的である。

人文科学でのクリエイティビティについては、最近の研究でリーマンと同様の議論が出されている。科学分野と比較すると、人文科学では、いわゆる人生経験が重要な役割を果たすという結論である。しかし、たとえ芸術や科学での分野ではそのような研究結果が妥当であるにしても、ビジネスの世界にそのまま当てはめるわけにはいかない。そういった法則は、学者の目から見れば確かに興味深いものだろうが、それは一般的な傾向を示すだけのものであり、ある特定の人物がある特定の場面でいかなるクリエイティビティを発揮するか、個別に予測しようとする際に利用できる情報ではない。そのうえ、並外れたクリエイティブな功績、あるいは伝記が書かれるほどの功績を残した人物に対象を限った研究（たとえばビアードとリーマンの芸術と科学の分野に関する調査）は、雪印の堀友繁や英国航空のイアン・ハートの例のように、企業の中でときおり出現するような種類のクリエイティブな活動は考慮されていない（ちなみに、ハートは当時五十歳だった）。

実は、ビジネスの世界において、年齢は大切な財産の一つなのである。なぜなら、年齢を重ねるごとに経験も蓄積されるからだ。キャシー・ベッツが自らのクリエイティブな活動を分析して言った言葉を思い出してほしい。彼女に十数年の経験がなかったなら、あのようなことを成し遂げてはいなかっただろう。組織内のどの職員も、その人物以外には誰も知らないことを一つ以上は知っているものだ。その事実だけを考えても、若い職員だけにクリエイティビティを期待するのは間違っているとわかる。

しかし、クリエイティビティに関する既存の研究結果の大部分がビジネスの世界には当てはまらない理由はそれだけではない。もう一つの理由は、ほとんどの研究が、隔離された環境で仕事をする個人のクリエイティビティを対象に行われていることである。個人が働く環境にまで目を向けた研究はないに等しい。注目に値する例外は、他の誰でもない、ジョージ・ビアードだった。

一八七四年、クリエイティビティとは熱意と経験の相互作用によって生じるものだと論じたとき、ビアードは、図らずも環境の問題に触れた。経験は、生涯を通じて絶えまなく積み重なっていくものだが、熱意は三十歳ごろにピークを迎え、それ以降はゆっくりと下降線をたどると主張したのだ。人間の一生には、クリエイティビティが最大限に発揮されるような、経験と熱意の絶妙のコンビネーションが生まれる時期が存在すると彼は推測した。その意味で、ビアードはクリエイティビティと職場環境とを関連づけたといえる。職場環境は、そこで働く人の熱意を左右し、そしてある程度までは経験にも影響を与える。未経験の分野の仕事に就いたことをきっかけに、人生の後半を迎えてクリエイティビティを発揮した人々の事例も数多い。本書の後半で詳述する二つのクリエイティブな活動に関与した人々がその好例だ。各国語に翻訳されたベストセラーを持つ児童文学者、七十二歳のディック・キング＝スミス（代表作に、大ヒット映画『ベイブ』の原作『子ブタ　シープピッグ』評論社）、それにコダックのローランド・シンドラーとバド・テイラーである。五十代半ばで小説を書きはじめたキング＝スミスは、それ以前の二十年間にわたってフルタイムの農場労働者として働き、のちに教師として勤務している。一方、定年退職直前にコダックのドル箱事業３Ｄ写真ビジネスを始めた二人に関していえば、テイラーはそれまでエンジニアとして働いていたし、シンドラーは入社以来ずっと新人教育を担当していた。

ケンタッキーフライドチキンの創業者カーネル・サンダースも、晩年になってクリエイティビティを発揮した一例だろう。六十五歳のとき、一〇五ドルの老齢年金を元手に会社を興すまでは、軍人としてキューバに赴いたり、鉄道消防士、保険外交員、蒸気船操舵士として働くなど、多岐にわたる職業を経験した。ここに挙げた人々の場合、新しい分野の仕事を始めたことをきっかけに熱意に火がつき、その熱意がクリエイティビティの火花を散らせたのだろう。もしビアードがいまも存命なら、同年齢の二人の人物が常に同じだけの経験と熱意を持つとはいえないことを認めたに違いない。そしてそう認めるのなら、我々の主張――年齢はクリエイティビティを測るものさしにはならない――を認めないわけにはいかないだろう。

人のテリトリーに足を踏み入れる

どんな分野においても、クリエイティブであるためには、ある程度の専門知識が必要である。たとえば、量子物理学の分野でクリエイティブな貢献をしようと目論む人物に、量子物理学についての知識がまるでなかったらどうなるだろうか。

しかしその反面、過剰なまでの専門知識は、クリエイティビティが発揮されるのを邪魔することさえある。メディケイドの規約とマサチューセッツ州政府に関する詳細な知識は、キャシー・ベッツに彼女しか持てなかった洞察を与え、それがクリエイティブな行為に結びついた。一方、雪印の堀友繁にチーズ作りの知識がなかったからといって、革新的な製法の開発が妨げられることはなかった。

専門知識がクリエイティビティにどのような影響を与えるかについて論じる場合、まず専門知識と経験とを区別することが肝心だ。その二つはまったく異なるものだからである。経験とは、ある人物に起きた出来事の総和であり、キャリアを通じて絶え間なく蓄積されていく。その仕事に長く携われば、それに比例して経験も増す。対照的に、専門知識とは、ある特定分野におけるスキルや知識である。人によってはゆっくりと専門知識を身につけていく場合もあるだろうし、急速に身につける場合もあれば、まったく身につかないこともあるだろう。W・エドワーズ・デミングが繰り返し指摘したように、経験がおのずから変容して専門知識になることはありえないのだ。たった数年の経験から有用な専門知識を身につける人もいるだろうし、ただ時間を注ぎこんだだけで長いキャリアを終える人もいるだろう。専門知識に関するかぎり、重要なのは経験の量ではなく、質なのである。

不幸にも、トーマス・クーンが著書『科学革命の構造』（中山茂訳、みすず書房、一九七一年）の中で書いているように、特定の枠組みの中で成功をおさめていた期間が長いほど、その枠組みがもはや通用しなくなったとき、そこから逃れることも難しくなる。

堀の事例のように、その分野には専門知識を持たないが、別の（おそらくは関連する）分野で相当な知識を持っている人物が、その別分野での知識を活かしてクリエイティビティを発揮する例はよく見られる。ハーバート・サイモンは次のように記している。

関連した技術や知識を所有することは絶対不可欠であるが、科学など各分野の転換期には、その関連する知識は別の分野から持ちこまれている。

要点は単純だ。企業は、特定の領域でのクリエイティブな活動はその領域の専門家だけからもたらされるものと思いこんではならない。コーポレート・クリエイティビティの観点からいえば、分野の区別は人為的なものにすぎない。企業での業務は社員間の相互作用の上に成り立っているものであり、社員の誰もが何かの専門家というわけではないことを考えると、将来のクリエイティブな活動に結びつく不可欠な要因をどの社員が持っているか予測するのは不可能だということになる。

JR東日本は食品・飲料の専門家を揃えて配膳サービスを展開していたが、「大清水」のアイデアを提案したのは現場の保守作業員だった。これこそ「先入観を持たない原則」が活かされた例である。専門家にばかり目を向けている企業は、雪印の堀やJRの保守作業員のように、その道の専門家の縄張り（テリトリー）に果敢に足を踏み入れる人々に不意打ちを食らわされることになるだろう。

専門知識の問題点は、専門家を専門家たらしめるパターンと処方箋そのものにある。その処方箋が専門家の存在意義を増大させるのは確かだが、その反面、根本から異なった対処を施すことを阻害する。つまり、経験を構成する要素を一旦ばらばらにし、それまでとは違った方法でふたたび組み上げるという行為を妨害してしまうのだ。したがって企業は、処方箋を持つ社員と持たない社員に等しくクリエイティビティを求めなければならない。そのどちらにも、クリエイティビティを発揮する可能性は潜んでいるのだから。

大胆さよりも慎重さ

リスクを冒すこととクリエイティブな行為に関連があることは、繰り返し論じられてきた。では、社員がそれまでの抑圧から解放されたとたん、クリエイティビティが溢れ出すものだろうか。コンサルタントが提唱する「鶏の雄叫び」は、本当にセミナー参加者をよりクリエイティブに変身させるのだろうか。クリエイティビティに関する書物から引用した次の一節は、図らずもクリエイティビティの常識と化した事柄を的確に表現している。

人は失敗を通じてクリエイティブになる。挫折から立ち直った経験が多ければ多いほど、次の失敗に対処するための知識が増す。つまりリスクを冒せば冒すほど、成功の可能性も増すからだ。愚か者と呼ばれることを恐れる人物は、決してクリエイティブなアイデアを導き出すことができない。リスクを冒すこととクリエイティビティは、密接に関連しているのだ。

しかし、失敗することやリスクを冒すこととクリエイティビティとは密接に関連しているという論理は、誤りであるだけでなく、企業にとっては有害そのものだ。こういった主張は、クリエイティブな人物は一般の人々とは違っており、リスクを冒さずにはいられず、普通の人間なら考えもしないことをやってのける人物だという思いこみを知らず知らずのうちに強めてしまうからだ。もちろん、クリエイティブな人物の中には、そのような人物像にぴったり当てはまる人々もいる。

交流電流を発明した電気工学者ニコラ・テスラはまさに変わり者だった。食事の際は皿の上の料理の量を立方インチで算出し終えるまで手をつけず、歩く時には必ず歩数を数えたという。そして、他人の髪には絶対に触れないようにしていた。こういった特異な例から多くの人が、クリエイティブな人物は普通とは違うはずだという認識を抱き、その結果、クリエイティビティと精神障害とを結びつけて考えがちになる。マックス・ノルダウは、一八九七年のベストセラー『Degeneration（堕落）』で、堕落した、あるいは精神を病んだクリエイターの例として、ゾラやワーグナー、イプセン、トルストイ、それに多くの印象派の画家たちの名を挙げた。こういった考え方は、かつてほど極端ではないにしろ、現代でも生きている。

リスクを冒すことや躊躇を捨てることをクリエイティビティと関連づける思考は、極端に単純で、誤解を生みやすいものである。企業がすべての社員に、そしてすべての場面にクリエイティビティを求めようとしないのは、そういった先入観が邪魔をしているからだ。

ピーター・ドラッカーは次のように書いている。

創意工夫に富む人物の一般的なイメージ——半ばポップ心理学的で、半ばハリウッド的なイメージ——に従うと、スーパーマンと円卓の騎士を足して二で割ったような人物像が浮かび上がる。だが、現実の創意工夫に富む人物の多くはごくありふれた人々であり、「リスク」を探して精力的に動く暇があったら金勘定に駆け回るような連中なのだ。

このドラッカーの見解で見逃せないのは、「創意工夫に富む人物の多く」という箇所である。企業の中でクリエイティブな活動に携わった人々の多くは、キャシー・ベッツやジム・シュラターイアン・ハート、堀友繁のような人々——向こう見ずどころか、とても慎重な人々だった。極端に高いリスクを伴うクリエイティブな活動だけが過剰な注目を集めた歴史が、クリエイティビティとは、あえてリスクを冒すことから生まれるものだという通念を成立させたのかもしれない。中には冒険好きなクリエイターも存在するが、コーポレート・クリエイティビティの観点からは、大胆さよりも慎重さの方が好ましいといえるだろう。

職場は能弁な生き物である

クリエイティビティに関するかぎり、現在までに行われた研究の結果は、社員が職務をこなすための基本的な知能を備えていると仮定したとき、年齢や専門知識の有無、抵抗の有無といった要素がクリエイティビティを伸ばすこともあれば、何の影響も及ぼさないこともあるということを暗示しているように思われる。では、よりクリエイティブになるための訓練法というものはあるだろうか。クリエイティビティ育成の秘策があるのなら、確かにそれは魅力的だ。クリエイティビティを求め、意のままに利用してみたいと思えば、誰でも学ぶことができるだろう。しかし、哲学者ジャック・バルザンは次のように書いている。

創造が一つのプロセスであるとするなら、その仕組みは、偉大な芸術を生み、偉大な科学的進歩を促すために、知性や方法論を持つ人々が応用できる公式や秘訣として、とうの昔にまとめられているはずだ。

現在までそのような公式が編み出されていないことはもちろん、今後も考案されることはないだろう。これまでに編み出されてきた多種多様なクリエイティビティ育成の方法論は、特定の問題を解決することを目的に生み出されたものである。どの方法論も、解くべき問題がすでに存在することを前提としているのだ。しかし、そういった方法論に関心が集中する現実とは裏腹に、それらには思いもよらぬ方向へ企業を導くという効用がないことは事例が証明している。部屋に座ったままあれこれ考えをめぐらせているだけの人物が、トンネルの天井から滴り落ちる水を瓶詰めにして売り出すアイデアを思いつくとはとても考えられない）。クリエイティブな活動の大部分はあらかじめ計画されたものではなく、予期せぬ出来事に目を向けることから始まっている。それとは対照的に、クリエイティビティ育成の方法論は予定された目的地にしか企業を導かず、有効とはいえない。

一九三〇年代、広告代理店の重役アレックス・オズボーンはクリエイティビティの研究を始め、それはやがて彼のライフワークとなった。

オズボーンは社内会議の効率の向上を図ろうとしていた。会議のために膨大な時間が無駄に費やされる現状と、その結果下されるお粗末な決定に嫌気がさしていたからだ。その不満がばねとなって開発されたのが、「ブレインストーミング」の会議技術だった。ベストセラーとなった『Applied Imagination（想像力の応用）』でも述べられているように、ブレインストーミングは二つの原則に基づく。①アイデアが出尽くすまで結論を出さない。②出される結論の質は、提案されたアイデアの量に比例する。この本から、どのような経緯でこの会議技術を「ブレインストーミング」と名づけたかを明かした一節を引用しよう。

アイデアを整理し、当時社長を務めていた会社（広告代理店）に初めて導入したのは一九三八年のことだった。そうした会議を「ブレインストーミング・セッション」と命名したのは、当時の参加者たちだ。実にうまい命名だった。「ブレインストーミング」という言葉は脳を使って四方八方から問題に襲いかかるという意味だったからだ。

集団の能弁さや柔軟性はクリエイティビティに影響を与えるものだが、ブレインストーミングは、その能弁さや柔軟性をさらに高めることを目的とした。能弁さは数多くのアイデアを容易に生むための能力であり、柔軟性は多様なアイデアを生むためのスキルである。

たとえば、紙コップの使い方を短時間のうちに数多く思いつけるひとは能弁であるが、もしそのほとんどが紙コップを容器として使うことを前提にしているとしたら、柔軟性が備わっているとはいえない。柔軟な思考とは、たとえば紙コップをクッキーの生地を抜く型として使ったり、底に穴をあけてじょうろ代わりにするといった、まったく異なるアイデアを生み出すことを指す。一九五〇年代前半に知能構造モデルを開発したギルフォードも、拡散的思考に貢献し、それゆえクリエイティビティにも貢献する因子として、能弁さと柔軟性を挙げている。

ブレインストーミングはクリエイティビティを伸ばすツールであるというのが一般的な見方だとすると、それが実際には、オズボーンの当初からの目的――会議におけるよりよい意思決定とコミュニケーションの向上――を達成しているにすぎないというのは皮肉に思える。会議の進行役の手際が悪ければ、参加者それぞれの本心や知識を引き出すことはできない。また、アイデアが出尽くすまで決断を猶予するというルールは、議題のあらゆる面を納得いくまで討論し、考察してよいのだという雰囲気を生むことは確かだが、これは会議が開かれるそもそもの目的にほかならない。ブレインストーミングの手法を使えば、確かに会議は意義のあるものとなるだろう。しかし、これは結果論にすぎないが、たとえオズボーンがブレインストーミングとクリエイティビティを結びつけて考えていたとしても、その関連は当初からオズボーン本人にもあまりに根拠のないものと思えたに違いない。

優れた意思決定が必ずしもクリエイティブな決定であるとは限らず、クリエイティブな決定が常に優れた意思決定であるとも断定できない。ブレインストーミングが集団から能弁さを引き出し、多数のアイデアが生まれやすい環境を作ることは間違いないだろう。だが、これまでに行われた研究により、ブレインストーミングは集団のクリエイティビティにほとんど影響を及ぼさないことが証明されている。つまり、集団の能弁さと柔軟性は、単なる優れた結果ではなくクリエイティブな結果を生むという仮説には疑問が残るのだ。デビッド・パーキンスはこの点について次のように述べている。

> 優れたアイデアを生む能弁さや柔軟性を測れたとしても、その結果と、秩序から生まれた現実のクリエイティブな功績との間には、信頼に足る関係が存在しないことは明らかである。

実際のクリエイティブな活動――キャシー・ベッツやジム・シュラターの事例のような活動――の大部分は、能弁さや柔軟性とは無関係だというのが現実である。シュラターは、黙って椅子に腰かけ、新しい甘味料を作る方法を何百通りも並べてみたわけではなかった。そして、企業の中では、能弁なのは人間ではなく、職場環境である。職場環境は毎日、何千にも上る新しい可能性を社員に提示しているのだから。

つまり職場は、予期せぬ出来事に満ちあふれた生き物なのだ。社員と職場環境の間に相互作用が生まれたとき、職場環境は想像を超えた刺激を生み出す。ジム・シュラターは、ニュートラスイートを考案することを目的に研究所で働いていたわけではないし、アメリカン航空の客室乗務員は、コーヒーポットのカバーに無駄な数セントが費やされていることを発見するために乗務していたわけではなかった。そう考えると、企業は、クリエイティビティを生むための環境を人工的に作ろうとするくらいなら、いまある職場環境をクリエイティビティを引き出しやすいものに変える努力をすべきではないだろうか。

創造的欲求を刺激する

経営者にとって望ましい行為にはボーナスを与え、望ましくない行為には与えないというのが、企業に共通する原則だろう。これは単純明快な原則とも見えるが、クリエイティビティの観点からも、そのようなアプローチが有効なのだろうか。

報奨金やボーナスの制度は、特定の条件下では有効に働くが、クリエイティビティの観点から見ると、そういった制度が逆効果となる場合が多いのは明白な事実だ。報奨金やボーナスは「外的モチベーション」である。これに刺激されると、人間は主として特定の目的を達成するため、すなわち報奨を手にするための手段として問題に取り組もうとする。行動主義の心理学では、積極的な「強化」★として報奨を利用することに重点を置いてきた。行動主義は、新たな研究によってその限界が暴かれるまで、約半世紀にわたって心理学界を支配した学派だった。今日の心理学者の間には、仕事が一定の問題解決のための段階的手法(アルゴリズム)に従う度合いが増せば、それだけ外的モチベーションの効果も高まるという共通認識がある。しかし、一定のアルゴリズムからはクリエイティビティは生まれないため、外的モチベーションはかえって妨げになることが多い。クリエイティビティは、「内的モチベーション」、つまり、取り組む仕事そのものを成し遂げたいという欲求に左右される面が強いのだ。

一九八一年、ロチェスター大学心理学部で教鞭を執っていたエドワード・デシは、外的モチベーションと内的モチベーションの影響に関する初の研究結果を発表した。デシは、男子学生を対象に、与えられた活動に対する意欲が報奨の有無にどれだけ影響されるかを調査した。各被験者はまず、三回のセッションを三日間に分けて行うと伝えられた。活動の内容は、当時大学生の間で流行していたパーカー・ブラザース社製の「ソマ」というパズルに取り組むというものだった。パズ

★　賞や罰を与えて刺激に対する反応を変化させること

ルは七ピースから成り、各々のピースは一辺が一インチの立方体三個から四個で構成されている。この七ピースで、何百万通りもの異なった立体を組み立てることができる。各セッションごとに、被験者は紙に描かれた立体をパズルを使って再現するよう指示された。

計二十四人の被験者は実験群と対照群に分けられ、第一回のセッションでは、両群の参加者に全く同じ課題が与えられた。できるだけ多くの立体を作るのが目標だ。次の第二回のセッションでは、実験群のメンバーは立体を一つ完成させるごとに一ドルの報奨を与えられ、一方、対照群の方は、報奨の話題には一度も触れられないまま、金を受け取ることなくパズルを組みつづけた。最後の第三回のセッションでは、第一回と同じ形式に戻る。実験群も、ふたたび報奨なしで立体を組み立てるよう指示されるのだ。

各セッションの途中で、デシは被験者に、実験の次のフェーズを始めるまでしばらく待機するように指示した。この間、被験者は部屋に一人で残される。部屋には時間つぶしに使えるものが置かれていた。パズルを続けたければ続けてもいいし、雑誌も読める（デシは「プレイボーイ」、「タイム」、「ニューヨーカー」をテーブルに置いておいた）。歩き回っても、ただぼんやりしていてもよかった。しかし実は、この待機の時間こそが実験の目的だったのだ。待機の八分間に、被験者が何をしていたか、デシは克明に観察した――とくに、問題のパズルをまたいじりはじめるかどうか、それにどのくらいの時間を費やすかに注目して。三回目のセッションでは、パズルをしてももう報奨をもらえなくなった実験群は、休憩時間にパズルをする時間が対照群よりも極端に少なかった。しかも、その時間は、報奨をもらえることをまだ知らされていなかった一回目のセッション中の休憩時間にパズルに費やした時間よりも、さらに少なかったのである。それとは対照的に、パズルを完成させても一度も報奨を受け取っていない対照群の被験者は、休憩の間にパズルを楽しむ時間が確実に増加した。デシは、「金銭は、ある課題に対する内的モチベーションを『買収』する効果を持つ」ようだと結論している。

デシの実験のあとにも多くの研究が行われ、クリエイティビティと外的・内的モチベーションとの間に少なからぬ関係があることが証明された。内的モチベーションがクリエイティビティの発露に不可欠であり、一方の外的モチベーションが好ましい影響を与えない理由は何だろう。それは、人は報奨をもらえるという期待感を抱くことにより、その報奨を手に入れるための最も早く確実なルート（必ずしも最もクリエイティブなルートとは限らない）を選ぶからである。言い換えれば、報奨が目的と化し、報奨そのものが人の興味やエネルギーの多くを奪うのだ。クリエイティビティに対するモチベーションの効果に関し、数多くの実験を行ったテレサ・アマビルは、報奨を与えることにより、子ども、芸術家、科学者いずれについてもクリエイティビティが同程度減衰することを発見した。この点を説明するために、アマビルは、迷路の中でチーズを探すネズミという突飛なたとえを使ってこう述べた。

もしあなた（ネズミ）が外部から動機を与えられたとすれば、あなたは主要な目的を外部から与えられたことになる。あなたは迷路の外にあるもののために働く。報奨を手に入れなければならない、あるいは競争に勝たねばならない、あるいは昇進しなければならない、あるいは自分を見守っている人々を喜ばせなければならないのだ。あなたはその目標を達成することしか考えられず、迷路そのものについて考えることに時間を費やそうとはしない。できるだけ早く外へ出ることにしか関心がないから、最も目につきやすい、誰もが通るルートだけを選ぼうとするだろう。

対照的に、もしあなたが内的な動機を持っているとしたら、迷路にいることを楽しむだろう。あなたは迷路で迷うことを楽しみ、あたりを嗅ぎ回り、違う道を試し、探検し、むやみに突進する前に立ち止まって考えたりする。あなたの関心は、問題そのものを楽しむこと、課題に立ち向かったり頭を使うことがどれだけ楽しいかということだけに集中するのだ。

クリエイティビティの大部分は、仕事とは関係なしにあちこちをつついてみたり、実験してみたり、予期せぬ出来事を利用した結果である。報奨を求める競争のなかでは、クリエイティビティが放棄されるだけでなく、認知心理学者が付随的学習と呼ぶもの、問題を探求することから得られる重要な知識や洞察を手にする機会は、大幅に減少する。

クリエイティブな活動に関与した人たちは報奨を受け取るべきではないなどというつもりはない。正当に評価され、正当な報酬を受け取ることは人間にとって重要なことである。世の中の企業はすでに社員の報奨制度を設けており、それは内的モチベーションの向上に効果を発揮している。

しかし、ほとんどの企業が、意図的にであれ、無意識にであれ、等式の片側、外的モチベーションの方に重点を置いているため、クリエイティビティの観点からいえば、そのバランスが傾いているのが現状だ。エドワード・デミングはこの点を次のように表現した。

外から与えられた動機が、自尊心の確立に一役買うこともある。しかし、外から与えられた動機に全面降伏すれば、それは個人の崩壊につながる。極端な外的モチベーションは内的モチベーションをも屈服させるのだ。

日本で初めて導入され、現在では世界中で使われるようになった「改善提案制度」が成功した最大の要因は、内的モチベーションに重点を置いたことだった。事実、これらのシステムの多くは、ケンタッキー州ジョージタウンのジョンソン・コントロール社フォーメック工場（フォーム・アンド・メカニズムを略した造語）のシステムのように、社員参加率一〇〇％を達成している。

フォーメックは、トヨタ社とフォード社向けにヘッドレストやシートのクッション、調節機構などを下請製造する工場だ。一九九六年には、工場に勤務する三五〇人の全社員が、フォーメック改善プログラムに最低一つのアイデアを提案した。フォーメックの経営環境は、アイデアを引き出すことを目的とする報奨制度を利用しやすい――利用するのが当然といってもいいほどの――環境といえるだろう。自動車製造業界は競争が激しく、コストに敏感な業界だ。それゆえ、下請工場も厳しいコスト削減のプレッシャーにさらされる。下請会社は、契約を得るために安い価格を提示する必要があるだけでなく、製品寿命を見越したぎりぎりの価格調整スケジュール（業界では「ギブバック」と呼ぶ）を前もって明確にしなくてはならない。

ジョンソン・コントロールのフォーメック工場でも、コスト削減の目標値が毎月掲げられ、それを達成しなくてはならなかった。一九九四年以降、ジョンソン・コントロールでは、毎月、コスト削減目標値のおよそ半分は、改善プログラムによって得たアイデアで実現させてきた。しかし、改善課では、金額に換算して評価できるアウトプットを期待されている一方で、インプットに関してはできる限り外的モチベーションを強調しないよう気を使っている。また、寄せられるアイデアには金銭に換算できないものが多く、そのため、報奨金の額も控えめに設定されている。最高額はわずか一〇〇ドル。ただしどんなアイデア（まったく話にならないものは除いて）も最低五ドルの報奨金が支払われる。社員がアイデアを提供することそのものに価値を見出し、アイデアを提出する――最大のゴールはそれなのである。

フォーメックでのある出来事がこの点を実によく表している。一九九五年二月、キム・ダーネルは、トヨタ・カムリ用のシート調節機構を製造するグループのチームリーダーを務めていた。一方のラス・ハラッドはこのグループの整備係だった。ダーネルは、三十人の作業員と四十六台の機械を抱える、小さな金属加工工場にも匹敵する作業場を監督していた。

作業場には巨大な機械が発する騒音が満ち、一度に二、三人の作業員を監督するのが精一杯だったという。そして全作業員が、中でもダーネルとハロッドはとくに、この環境ではトラブルが発生したとき、コミュニケーションがとりにくいという不満を抱いていた。パーツを使い果たした機械が停止したり、調子がおかしくなると、作業員はまずパーツ係や整備係を大声で呼ぶ。ところがパーツ係も整備係もその声の聞こえない場所にいる場合が多く、作業員は機械を一旦停止したうえで目当ての人物を探しに行かなければならない。同様に、機械が故障で完全にダウンしてしまうと、ハロッドを探して修理してもらうまで、作業を再開することができなかった。ダーネルはハロッド探しにかなりの時間を割くはめになったし、ハロッドにしても呼ばれてようやく駆けつけるころには機械の状態はすでに手遅れといった状態が長く続いた。そういった事情から口論が絶えないことに加え、ダーネルとハロッドはどちらも、互いを大声で呼びながら作業場を歩き回ることが本来の仕事ではないのにと不満を募らせていた。そこで二人は対策を講じようと決意した。

最終的に二人は、各機械の作動状況を示す電光掲示板の設置を提案した。掲示板を作業場の高い場所に設置して、作業場のどこからでも容易に見られるようにしようというのだ。ダーネルとハロッドは、警報ベルを鳴らしたり赤いライトを点滅させてトラブルを知らせる装置を別の工場で見かけたことがあり、それをヒントにこのアイデアを思いついた。しかし、各機械に警報ベルや点滅ライトがついていても、二人が勤務する工場のようにせわしく騒がしい場所では目立たないだろうと気づき、二人は他の可能性を探った。その結果、各機械の状態を四つのインジケーター・ランプで表す掲示板を思いついたのだ。黄色のランプは、チームリーダーに機械のところまで来てほしいという合図。赤のランプは整備係を呼び、青いランプはパーツ係を呼んでいるしるしだ。そして緑のランプは、機械が作動している間、常に点灯させておく。そして各機械の作業員の手が届きやすい位置にランプのスイッチを取りつける。このアイデアが承認されると、ハロッドとダーネルは二カ月半を費やして掲示板を製作した。

新しい掲示板により、職場の業務はスムーズになった。整備係やパーツ係は、誰が自分を呼んでいるか一目で知ることができる。このアイデアは四万八〇〇〇ドル近くのコストを削減すると評価された。したがって、ダーネルとハロッドは最高額の一〇〇ドルの報奨金を与えられ、二人はその半分ずつを手にした。しかしのちに、このアイデアは当初の見積もり以上の削減効果を発揮していることが判明した。機械停止時間は九％から二％に激減、グループの生産性は二〇％も向上していたのだ！　報奨金の額についていえば、当初、コスト削減効果が低く見積もられていたことは問題にならない。いずれにしろ、報奨金の額は変わらないのだから。一〇〇ドル以上のコスト削減効果のあるアイデアには一律一〇〇ドルの報奨金を支払うと定められているのだ。

フォーメックに在籍していた間に、ダーネルはおよそ四十件のアイデアを提案し、ざっと半数が採用されたという。もちろん、それに見合った報奨金を受け取っている。そこで、その報奨金を何に使ったのかと尋ねてみた。すると彼女は意味深い答えを返してくれた。

実は、まだ使っていないんです……。家に貯めてあったり、会社のクリップボードに挟んだままになったりしている分もあるし。何度もらったのかも数えていません。報奨金のためにアイデアを提案しているわけではないですから。楽しくてやっていることなんですよ。

企業は、クリエイティブでありたいという欲求を刺激する内的モチベーションを社員に与えることに、特別な配慮をすべきではないだろうか。ここまでに挙げたクリエイティブな活動に貢献した人々の中に、報奨のためにそのような活動を始めたと言った人物は一人もいない。イアン・ハートが英国航空の報奨制度に応募したのは、自分のアイデアが実現されたあとになってからだった。キャシー・ベッツは、マサチューセッツ州が特別な立法措置を講じてまで一万ドルのボーナスを出すとは夢にも思っていなかった。この二人は、「チーズ」を探して迷路を抜ける競争をしていたのではなかった。自ら進んでそういった貢献をしたのだ。

クリエイティブなアイデアを促す制度は、企業がクリエイティビティをマネジメントしようとするとき、必ず役立つだろう。そして、より包括的なクリエイティビティ・マネジメントを考えるべき時代にさしかかっている。ここから先の章では、コーポレート・クリエイティビティの六つの要素を説明し、それを活用することで秘められた可能性を余すところなく引き出すにはどうしたらよいかを考えよう。

PART 2

コーポレート・クリエイティビティを高める6つの条件

第4章

①意識のベクトルを合わせる

Alignment

新しいプログラムの導入を、喜んでここにご報告いたします。このプログラムは、我がアメリカン航空に大変革をもたらしてくれることでしょう。このプログラムは、皆さんのクリエイティビティ、知識、そしてアイデアを活かすことを目指して発案されました。ご存知のように、常に変化しつづける航空業界で競争力を保ち、良好な経営を維持していくためには、コストを管理し、収益を生み出す新たな方法を模索するしかありません……その新しい方法とは何か、皆さんの考えを聞かせてください……私たちは耳を傾け、応え、報奨を用意して待っています。

ロバート・クランダル

アメリカン航空CEO

1989年、IdeAAs in Actionの導入祝賀会の演説より

まずメッセージを発信することから

提案制度の導入に成功したと考えられる唯一の企業がアメリカン航空である。しかし、コスト削減を目指すという意識のベクトルがなければ、これほどの成果をあげることはなかっただろう。意識ベクトルの共有とは、組織が明確な方向性を持ち、全社員の関心や活動が組織の主たる目的と合致していること、つまり可能性を秘めたアイデアが芽を出したとき、すべての社員がそれに気づき、積極的に対応できる環境が整っていることを指す。

この章ではまず、ロバート・クランダルとIdeAAs in Action制度、そしてアメリカン航空の徹底した意識の共有に目を向けることにしよう。

ロバート・クランダルが財務部長としてアメリカン航空に入社したのは、一九七三年のことだった。当時の航空業界は規制緩和を目前にしており、競争の時代の到来が予想された。財務部長としての彼の使命は、当然ながら支出に目を光らせることであり、彼は容赦のないコスト削減を推進した。

その後一九八一年に社長に就任すると、アメリカン航空をコスト意識の強い会社に変えていこうという彼の決意が即座に全社員に伝えられた。次に紹介する二つの逸話からは、狂信的といってもいいほどコスト管理に心血を注いだクランダル像が浮かび上がってくる。なお、他の航空会社と同様、アメリカン航空の社員は安全に関して高い意識をもち、コスト削減と安全とが相入れない状況が生じた場合には、アメリカン航空は間違いなく安全を優先させることを念頭において いただきたい。コスト削減を何よりも優先させる企業であるというつもりはない。

意識の方向づけ

財務部長として入社した直後、高いコスト管理意識をもって日々の業務を行うようにというメッセージを全社に徹底しようと考えたクランダルは、各部署の帳簿をすべて――全国の営業所レベルに至るまでを自らの目でチェックしたという。彼にとってこれは、入社したばかりのアメリカン航空の事情を詳しく知る絶好の機会ともなった。

この調査はクランダルの目論見どおり、のちにアメリカン航空のクリエイティビティを方向づけることになるメッセージを全社員に伝える役目を果たした。

バージン諸島のセントトーマス（現シャーロット・アマリエ）には、アメリカン航空の営業所としては小規模の営業所があった。ここでは、顧客サービスの一環として、到着貨物やこれから発送する品物を預かる小さな倉庫を付設していた。預け入れられる荷物の中には、非常に高価な品物も含まれた。たとえば、最大の顧客タイメックス社は、時計の組み立て工場をセントトーマスに持っていたため、時計部品を一晩、この倉庫に保管していたという。タイメックスの時計部品をはじめ、他にも高価な品物が保管されていたこともあって、泥棒たちの格好のターゲットとなった。

当初、セントトーマス営業所ではフルタイムの警備員を三名雇っており、被害には遭わずにすんでいた。しかし、毎年、各営業所の年間経費を調査するクランダルが経費の使い道を事細かに、しかも執拗に追求したため、やがて警備員は二人に減り、次いで一人となり、さらにパートタいまー一人だけに減った。ついには警備員は消え、番犬が飼われるようになった。それでもなお、クランダルは手を緩めなかった。

クランダルは営業所長ジョージ・エルビーとともに帳簿を隅から隅までさらにチェックした。帳簿には「サービス料金」という一行があった。クランダルがこの項目は何かと尋ねると、エルビーは、番犬の派遣会社に対する支払だと説明した。するとクランダルは、番犬を雇うのを週に三日に減らせばもっと支出を抑えられると指摘した。その曜日を毎週変えるようにすれば、泥棒はいつ犬がいるかわからないので忍び込むのをやめようと考えるだろうと。セントトーマスに戻ったエルビーが試しにその提案どおりにやってみると、首尾は上々だった。

その翌年、経費調査の席で、クランダルはふたたびこの「サービス料金」は何かと尋ねた。総額は前年よりも大幅に少なくなっている。エルビーが、週三日、曜日を変えて番犬を雇った代金だとクランダルに説明すると、クランダルは、それは泥棒を追い払う効果があったかと聞いた。そしてエルビーの話に耳を傾けたあと、クランダルは前年よりもさらに踏みこんだ指示を出した。テープレコーダーを購入して犬の吠える声を録音し、タイマーでその音声が再生されるようにしておけば、強盗は倉庫に本物の番犬がいると勘違いするだろうと。セントトーマスに戻ったエルビーがその案を実行すると、またしても大成功だったのだ。

オリーブの数

コスト削減にまつわるロバート・クランダルのもう一つの逸話も、アメリカン航空では伝説となっている。長年、機内食のトレーを集めてきた客室乗務員は、ほとんどの乗客がサラダに添えられているオリーブを食べないことに気づいた。どういう訳かこのことがクランダルに伝わり、彼は、オリーブをサラダに添えるのをやめたらどの程度経費が節約できるか調査するよう命じた。調査の結果、七二％の乗客がオリーブを残すことが判明した。

アメリカン航空では、サラダに使う材料の品数に基づいて業者に代金を支払っていた。四品までは六〇セント、五品では八十セント。オリーブはその五品めに該当していたのだった。こうしてサラダからオリーブは姿を消し、アメリカン航空はざっと五十万ドルの経費節減に成功した。

ところが、このことを知ったオリーブ生産者協会は、オリーブをサラダに戻さなければ、以降アメリカン航空の飛行機は利用しないと圧力をかけた。数回にわたる交渉を経て、アメリカン航空は、すべての飛行機にオリーブを積み込み、乗客から求められればオリーブを出す対策をとった。しかし、この変更のためにサラダの品数を増やす必要はなかった。もともと、どの飛行機でもマティーニ用にオリーブを常備していたのだから。

全社員が同じ方向を向く

コスト削減に大いに役立つ可能性を秘めた提案制度IdeAAs in Action導入にあたって、このロバート・クランダルが強力で明示的なリーダーシップを発揮したのは当然といっていい。

一九九六年、IdeAAs in Actionには、毎年およそ一万七〇〇〇件提出されるアイデアの評価と実施を監督する専任スタッフが四十七人いた。これほど多くの人材を提案制度に割り当てている例は、世界でもアメリカン航空だけだろう。しかも、門前払いになったアイデア以外はすべて、一五〇日以内にクランダルのデスクに届けられる。改善提案が「クランダルに審査される」恐怖感は強烈な刺激となり、提案の処理を担当する職員全員が仕事を能率的にこなすよう心がけるようになったという。

では、アメリカン航空の各部署からIdeAAs in Actionに寄せられた提案の例を挙げ、意識の共有がなされた結果、いかに大きなコスト削減効果が生まれたか、見ていくことにしよう。

客室乗務員から

一九九一年一月、欧州線でパーサー（主任客室乗務員）をしていたキャサリン・クライデルが提出したアイデアは、莫大なコスト削減効果をアメリカン航空にもたらすことになった。キャサリンによれば、湾岸戦争が起きていなかったら、そのアイデアは浮かばなかっただろうという。湾岸戦争中は、イラクのテロの脅威から、大西洋を横断する航路の乗客は激減し、どこの大手航空会社も痛手をこうむった。厳戒体制が敷かれるヨーロッパの都市に宿泊する必要に迫られたアメリカン航空の乗務員は、全員、武装した警備員に付き添われて、空港から秘密の場所へ移された。そのような緊迫した背景があり、またパーサーもファーストクラス担当の客室乗務員として接客を行うことから、キャサリンも他の乗務員と同様に戦争の影響を肌で感じていた。ファーストクラスの大部分を占めるビジネス客はとくに激減し、一人とか二人だけといったことはたびたびで、フライトによってはまったく乗客がいないこともあったという。

アメリカン航空のケータリング部門は、出発前に、予約システムと直結したコンピュータ・システムを使って「ノーショウ（予約したまま現れない客）」の予測数値を考慮に入れながら、食事や飲み物を積み込む量を見積もる。ヨーロッパ線ではこの「ノーショウ」が九十人と予測されるフライトもあった。中でもファーストクラスでは、乗客の数が少なければ積みこむ食事は大幅に減る。たとえば、その便のファーストクラスの乗客が一人だけしかおらず、食事が四種類のメインディッシュから一つを選択するメニューだったとすれば、四種類を一人分ずつ積むという仕組みだからだ。ところが、ケータリング部門は積み込む食料を決定する手続きの中で、ある食品を見過ごしていた。飛行機に積みこまれる食品中、最も高価なもの——セヴルーガ・マロッソルのキャビアだ。

アメリカン航空では、ファーストクラスの乗客が何人の場合でも常に二〇〇グラム入りのキャビアを積んでいた。ファーストクラスの客席数は十三席、全席が埋まっていても十分足りる量のキャビアで、一缶の価格は二五〇ドル。湾岸戦争中、キャサリンが担当するファーストクラスは空席が目立ち、大量のキャビアが無駄に廃棄されていることに目を向けずにはいられなかった。残った食品は、着陸と同時にゴミ箱に直行する。キャサリンはこのことが気になって、改善提案をしようと思い立った。もっと小さな缶に入ったキャビアを購入すること——そうすれば、乗客が少ないときに積み込むキャビアの量も少なくて済む。

IdeAAs in Action からの回答は即座に届いた。却下の通知だった。提案に感謝しながらも、すぐには実現できないと書かれていた。キャサリンは、それなりの理由があって実現できないのだろうと考え、キャビアの問題についてはそのまま忘れた。しかし、実は彼女の知らないところでその提案は実現に向けて動き出していた。

提案提出から約二年が経過した一九九三年六月、マイアミ空港で待機しているとき、キャサリンは乗務員用ラウンジで電子メールに目を通した。全パーサー宛に配布された連絡事項が目に留まった。

「本日付で、ファーストクラス用の二〇〇グラム缶のキャビアの積み込みを中止します。今後は、乗客が七人以上の場合には一〇〇グラム缶二缶、七人未満の場合は一缶を積みこむこととします」

この変更は、南米、日本、ヨーロッパ航路の年間四万三〇〇〇フライトで実施されるとあった。キャサリンは一人笑ってこう考えたそうである。「あら、いいことじゃない。ようやく気がついてくれたらしいわね」

そして、それきりそのことは忘れ、自分が報奨を貰えるとも考えなかった。ところが、それから三カ月後、思いがけない贈り物が届けられた。IdeAAs in Action からの手紙だった。彼女の提案により、年間三〇〇万ドルだったキャビアの購入費が五十六万七〇〇〇ドル減少したため、彼女に五万ドルの報奨金を授与すると書かれていた。このときから、同僚はキャサリンに「キャビア・クイーン」という新しいニックネームをつけ、若い客室乗務員にキャサリンを紹介するとき、たびたびその名前を教えたという。

研修センターから

IdeAAs in Action が導入されたときに、初めて提出された提案は、テキサス州ダラスにある研修センターの管理者からの提案だった。

彼が指摘したのは、研修センターでは、訓練用にわざわざ新品の消火器を購入して乗務員の訓練を行う点だった。飛行機に積まれていた期限切れの消火器を回収し、研修センターに運んで利用すれば、訓練の費用を削減できると提案したのだ。消火器は、たとえ使用期限を経過していても、訓練には支障がない。この提案は採用された。期限切れの消火器を処分せずに回収センターへ送るよう業務手続きが変更され、まとめて研修センターへ転送される。この提案は、新品の消火器を購入する必要をなくしただけでなく、訓練用に数百台もの消火器を確保することも可能にし、訓練自体の質を向上させ、それゆえフライトの安全性も高めることになった。

メンテナンス現場から

ある整備士が提出したアイデアは、非常に印象的なものが用紙に添付してあった。一個のナットが青い菱形のピンで固定されていたのだ。右側には、そっくり同じに見えるナットがピンクの菱形ピンで留めてある。青い菱形ピンで留めたナットは、マクドネル・ダグラスＤＣ１０型飛行機用のナットで、アメリカン航空では一個一ドル十九セントで購入していた。一方、ピンクのピンで留めたナットもやはりマクドネル・ダグラス社製飛行機用の部品だが、これはスーパー８型機に使用するもので、一個七十九セントで購入している。その整備士の見解では、この二つのナットは同一のものであり、アメリカン航空はどのナットにも七十九セント支払えばすむはずだという。IdeAAs in Actionの評価担当者は、その提案をマクドネル・ダグラスとつながりの深い技術部門に転送した。技術部門は、その二つのナットは確かに同一であると確認した。このため、マクドネル・ダグラス社はナットの価格を七十九セントに引き下げることになった。アメリカン航空では、毎年この種のナットを大量に消費しており、この提案のコスト削減効果は年間三十万ドルと算定された。整備士は、報奨金として三万七五〇〇ドルを受け取った。アメリカン航空では、日頃からこの種の提案に門戸を開くため、整備士にもコストや価格の情報が行き渡るよう努力している。その結果として提案されるアイデアは、膨大な金額にのぼるコストを削減し、提案者はそれに応じた高額の報奨金を手にしている。

テキサス州アライアンスに新設されたばかりのメンテナンス・センターで機体と動力装置を担当する整備士は、一九九五年、同僚と連名で改善案を提出し、最高額の五万ドルの報奨金を与えられた。この二人はデータを収集して分析した結果、ロールス・ロイスRB211エンジンのオーバーホール作業★のなかで行われる、高額の費用がかかるある検査は、多くの場合、不必要であるという結論を出した。標準的なオーバーホールの手順では、タービン・ローターの数百枚のステイター・ベーンをすべて外して下請業者に渡し、業者がそれを洗浄して磨いたあと、メンテナンス・センターで組み立て直すとされていた。この整備士と同僚は、少なくとも自分たちが扱っているエンジンではステイター・ベーンを洗浄する必要があるのは確かだが、すべてを磨く必要はな

★　部品をすべて分解し、洗浄・点検を行い、再度、組立てること。

く、したがって組み直す必要が出てくるのは、現実には二〇%程度であることを証明した。二人は、本当に磨く必要があるべーンだけを磨いて組み立て直すよう、エンジンのオーバーホール手順の変更を提案した。調査と採用決定は技術部門に一任され、この提案は承認された。こうして、ベーン一枚あたり平均八十ドルのコスト削減、一回のオーバーホールで三万ドルのコスト削減効果が得られるようになった。メンテナンス・センターでは毎年平均五十機のRB211エンジンのオーバーホールを行っていることから、この提案は一五〇万ドル以上の価値があると見なされ、最高額の報奨を獲得したのだ。その整備士はこの年、別の提案とを合わせて四万五〇〇〇ドルの報奨金を受け取ったという。

パイロットから

アメリカン航空は毎日何千便ものフライトがあり、燃料節約の提案は即座に多額のコスト削減に結びつく。あるとき、一人のパイロットがフロリダ州マイアミにあるオペレーション・センターの乗務員配備係に、マイアミ発着の飛行機が、毎度ホームステッド空軍基地の上空を避けて大回りしなければならないのはばかげている、と不平をこぼした。基地が正式に閉鎖された今、なぜ幽霊基地を迂回しなくてはならないのだろう? この迂回により、一日六便のマイアミ発着便すべてが十一分間余計に飛ぶ計算になる。年間で考えると、莫大な量の燃料が無駄に費やされていた。

偶然にも、このパイロットが不平を漏らしたスタッフは、特別研修を受講したIdeAA推進役で、マイアミ営業所から多くのアイデアを引き出す役割を担っていた。彼女は研修で教えられた通り、その不満を解消する対策を考えてみたらどうかとパイロットに勧めた。「連邦航空局（FAA）に話をしてみたらどうかしら？」これがきっかけとなり、このパイロットは管制官やフライト部門とともに連邦航空局と交渉した。連邦航空局はこの提案を受け入れ、旧ホームステッド空軍基地の上空を飛行制限空域から外す決定を下し、現在ではアメリカン航空に限らず、すべての飛行機がマイアミ空港の滑走路にまっすぐ進入できる。パイロットの提案は、アメリカン航空に年間九十万ドルのコスト削減効果をもたらしただけでなく、環境保全にも役立った。

提案制度を支える旗振り役

IdeAAs in Actionに多大な影響を及ぼすこととなったある提案がある。それは、プログラム導入初期に提案され、プログラムそのものを改善するアイデアだった。ダラス本部から直接管理する代わりに、営業所ごとに責任者を任命すれば、より多くのアイデアを期待できるだろうという指摘だった。このアイデアをきっかけにIdeAA推進役育成プログラムが導入された。IdeAA推進役は、自分の所属営業所でIdeAAの現場推進役を務め、営業所ごとのプログラムへの参加率や関心を高める努力をし、ダラス本部の目と耳として活動する。

IdeAA推進役は、毎年、営業所ごとに一人任命される。人当たりがよく社交性に富んだ、起業家タイプの人物が理想とされる。IdeAA推進役には志願した社員が指名され、自らアイデアを提案する資格はないが、一〇〇ドルの特別手当が支給され、所属する営業所の参加率が上昇すれば四半期ごとに五〇ドルがその特別手当てに加算される。IdeAA推進役の活動は勤務時間外に行うことと規則で定められているが、それでも応募者に事欠くことはないという。IdeAA推進役の経歴は、昇進への近道と目されているからだ。また、推進役を務めることを通じて、アメリカン航空の業務について多くを学び、多様なレベルの管理者に会って話をしたり、分析テクニックを磨いたりというチャンスが提供されることにもなり、社員自身が大きく成長できる。また、全推進役は年一度の地域協議会に出席し、各地の営業所から参加した推進役と交流できる。

IdeAA推進役は、一年間の任期の最初の仕事として、ダラスで一日間の研修を受ける。この研修では、評価プロセスの仕組みやIdeAAs in Action用の書類の記入方法などを学ぶ。さらに、この制度ではどのような提案が求められているかを推進役同士で議論し、参加率を向上させるコツを伝授される。本部にパートナーを作ることができるようにとの配慮から、この研修期間中、推進役はIdeAAの評価担当者と二人組で研修を受けることになっている。

研修後は、特別な参加促進運動が行われるたび、ダラス本部からIdeAA推進役あてに配布資料や掲示板に張るポスターなどが送られる。推進役は、いかなるときもIdeAAs in Action提案用紙を持ち歩き、あらゆる機会をとらえて社員の参加を促さなくてはならない。頻繁に使われるのは、マイアミの例にもあったように、不満を提案に変えるよう勧めるテクニックだ。そういった推進役の言葉が提案のきっかけになることは多いという。

IdeAA推進役プログラム導入前の一九八九年、IdeAAs in Actionにはのべ一万六五九〇件の提案が提出されていた。それが導入から一年で提案数は倍増し、三万六八〇〇件になった。第一期の推進役は、本部から遠く離れた営業所にもIdeAAs in Actionを根づかせた。たとえば、ノースカロライナ州フェイエットヴィルの営業所では、十八人のスタッフで計二件の提案しか提出されなかった。しかし、推進役が就任したとたん、わずか四カ月で三五〇件以上の提案が出された。このフェイエットヴィル営業所の最初のIdeAA推進役は、自らの発案でアイデア提出を競う地域コンテストを開き、賞品代わりに優勝者の車を自分で洗ったりしたという。彼は熱意を認められ、その年のアメリカン航空リーダーシップ賞を獲得した。この事例からも、推進役制度が大きな成果をあげている理由が察せられる。彼ら推進役は、現場の人々や営業所の環境を熟知し、どのような推進活動が最も効果的かわかっているのだ。

一九九六年度には、全社で三三〇人のIdeAA推進役がいた。しかし、ある管理者が言うには、IdeAA推進役の最大の美点は、一年間の任期が終わっても、彼らはその後もIdeAA推進役であり続けようとする点だという。いったんIdeAA推進役になれば、生涯IdeAA推進役なのである。つまり、一九九六年度には、その年に任命された三三〇人だけではなく、実際には二〇〇〇人ものIdeAA推進役が活動していたことになる。

一九九二年、制度をさらに活発にするため、IdeAAs in Actionはアメリカン航空の会計監査役の管理下に置かれることとなった。IdeAAs in Actionの評価担当者は、報奨金の支払いを承認する前に、その提案が本当に実現されていることを自分の目で確認しなければならないことに加え、新たな規則では、年間五万ドル以上のコスト削減効果を持つ提案には監査が要求されるようになった。五万ドル以下の提案については、何件かが抜き打ちで監査された。実施したと推測されていた提案のその後を改めて確認することに等しく、これによって制度の信頼性が高められ、公表された達成度も信頼できる数字になる。こうして、提案は厳格な基準をもとに評価されているという暗黙のメッセージを社員に発しているのだ。一九九六年度、全世界のIdeAAs in Action制度最高責任者だったジョン・フォードによれば、「(監査された)コスト削減が実現できない事態に陥ったとき、同時にIdeAAs in Actionも消滅する」ことを、制度に関与する社員全員が理解しているという。しかしいまのところ、そのような危機に直面した例はない。それどころか、この提案制度はアメリカン航空の財政危機を救った。一九九三年、実に六三〇〇万ドルのコスト削減を実現し、この年の第二四半期には四七〇〇万ドルの利益を計上して六期続いた赤字決算から抜け出した。IdeAAs in Actionは、アメリカン航空での業務手順の一部となっていたのだ。

特別機N659AA　愛称：プライド・オブ・アメリカン

一九九一年、アメリカン航空は、IdeAAs in Action の認知度を高め、社員の参加率を上げることを目標に、初の全社規模の推進キャンペーンを実施した。

IdeAA in Flight と銘打ったキャンペーンは、マスコミの注目を大いに集め、全米提案制度協会から一九九一年の最優秀提案制度促進プログラム賞を授与されている。ボーイング社の協力のもと、IdeAA in Flight の開始を記念して、アメリカン航空は、五十機めのボーイング757型機を五〇三〇万ドルで購入した。この年、アメリカン航空では四万九〇〇〇件の提案が提出され、そのうちの九・三%にあたる四六〇〇件が採用され、実現に至った。削減コストは五八〇〇万ドルにのぼり、新しい機体の購入代金を賄ったため、この機体はクリエイティビティの偉大さを称える永遠の証となった。

その実績の偉大さは言うまでもないが、いま振り返れば、IdeAAs in Action の最も有意義なステージは、この五八〇〇万ドルを稼ぎ出したときから始まった。IdeAA in Flight キャンペーンは、その後、一年近くの長期にわたる IdeAAs in Action の成功祝賀会に変わったからだ。

大型旅客機を建造するにはおよそ二年かかる。テールナンバーN659AAのボーイング757の最終組立が行われていた七カ月の間、アメリカン航空には毎月一機の新しいボーイング機が納入されていた。この間 IdeAA in Flight に提案を提出した社員の中から毎月十名が新しい機体の検査と受領手続きを視察する旅行に招かれ、シアトルにあるボーイングの工場を訪れて、N659AAの組立作業を目にする機会に恵まれた。ボーイング社もこの視察旅行に全面的に協力し、アメリカン航空から訪れる珍客一人に自社の社員一人をホストとして同行させた。それだけではなく、N659AAの製造過程で出た屑鉄を集め、記念バッジを特別にあつらえた。このバッジは、提案者への小さな感謝のしるしとして、IdeAAs in Action 制度から現在でも社員に配られている。

この特別機は、まさに特別の記念機であり、アメリカン航空の歴史上初めて、名前を献じられることになった。全社規模で飛行機の愛称募集コンテストが行われ、リンダ・ジョー・ヘダーソンの「プライド・オブ・アメリカン（アメリカン航空の誇り）」が選出され、機首にその名がペイントされた。この飛行機は、一九九六年時点でも、アメリカン航空で唯一名前を持つ飛行機である。世界中のどこへ飛ぼうと――この機は、遠い都市、さまざまな航路で飛ぶよう特別に配慮されている――アメリカン航空の社員は、プライド・オブ・アメリカン号を見分け、その名前の由来を思い起こす。

機体受領を兼ねたお披露目式、ロバート・クランダルとリンダ・ジョー・ヘンダーソンによる命名式、プライド・オブ・アメリカン号の処女飛行――一九九二年一月、シアトルで三日間にわたる祝賀会が行われた。のちにこの祝賀会のビデオが製作され、全社員に披露されている。一月十日に一九四人だった。クランダル社長とともに出席したのは、八人の役員と、この年の優秀提案者式典がひと通り終わると、列席者全員が、プライド・オブ・アメリカン号に搭乗してオクラホマ州タルサへ向かう処女飛行へ飛び立ち、それから飛行機はダラスへ向かった。それ以来、プライド・

オブ・アメリカン号はアメリカン航空のさまざまな航路を飛び、行く先々で小さな式典とともに迎えられた。

報奨金の落とし穴

IdeAAs in Actionは、クリエイティビティの蛇口を開くために何らかの制度を導入している企業ならばどの企業にも導入可能な優れたプログラムである。アメリカン航空には、自社の提案制度の水準を見極めようと考える企業が頻繁に訪れる。アメリカン航空ほど、社員からアイデアを募ってコストを削減しようという意識ベクトルを統一した会社の例は、他に思い浮かばない。現在実施されている提案制度にIdeAAs in Actionに匹敵する例がないことは間違いないだろう。

しかし一九九六年度、提出された全アイデアのうち、実際に採用されたのは八％に満たず、制度に参加したのは社員のわずか九％だった。IdeAAs in Actionが現在、アメリカン航空が持つ潜在的なクリエイティビティの、ほんの一部しか発掘できていないことは明らかだ。

常に飛び抜けて数多くの提案を提出してきたのは、メンテナンス部門の社員たちである。彼らのアイデアのコスト削減効果は一九九六年度で総計二〇三〇万ドル、制度全体の四七％を占めた。

整備士の中には、提案の報奨として十万ドル稼いだ者もいる。では、メンテナンス部門の社員は、他の部署の社員と比べてずば抜けてクリエイティブなのだろうか。それとも、莫大なコスト削減効果を生むアイデアを思いつきやすい立場にいるだけのことなのだろうか。我々は後者だと考える。実際、IdeAAs in Action制度に最も貢献した社員チームとして紹介されたある二人組は、コスト削減のアイデアを確実に生む方法を、隠す素振りもなく教えてくれた。会計部門に勤務する一人が定期的に支出をチェックして、大量に使用される高価な部品をリストアップし、その情報を大型ジェット機担当の整備士に伝える。整備士は、メンテナンスのために入庫した機体からその部品を抜き取り、金属疲労や傷み方のパターンを探り出して、長期間にわたって使用できるよう補強する方法を考える。あるいは、会社はこの部品を高く買いすぎていると思えば、もっと安価な代替品を探す。こうして生まれたアイデアのコスト削減効果は年間およそ一〇〇万ドル、二人が受け取った報奨もまた驚くような金額だ。つまり、IdeAAs in Actionが現実に報奨を支払っているのは、この例のような行為に対してなのである。それは、ビジネスの面では大いに役立つとはいえ、アメリカン航空が持つ膨大な潜在的クリエイティビティのごく一部を象徴しているにすぎない。

企業の意識ベクトルがコスト削減に集中すればするほど、コスト削減の効果が即座に表れない提案をなかなか実現に結びつけようとしなくなる傾向がある。イアン・ハートが「ファースト&ファスト」を考案したとき、英国航空でも、「ブレインウェーブ」と呼ばれる提案制度を実施していたことを思い出してほしい。イアン・ハートにとっては幸運なことに、英国航空ではアメリカン航空ほどコスト削減意識が徹底していなかった。ハートは好奇心から取り組み、「ブレインウェーブ」にアイデアを提出したのは、そのアイデアが実現されたあと、しかも他人に勧められてのことだった。コスト削減に向けて徹底的に意識ベクトルが統一された企業に勤めていたとしたら、ハートはコスト削減のアイデアを練っただろうか。いや、彼はアイデアを推し進めようとはしなかっただろう。当初ハートは、そのアイデアがコスト削減に結びつくとは考えていなかった――つまり会社が求めるアイデアではないと判断していただろう。

第一章で述べた客室乗務員の例を考えてみよう。この客室乗務員は一枚一・五セントのコーヒーポットのカバーを一フライトにつき五枚節約してコスト削減をし、自分自身も含め、周囲の全員を驚かせた。経験豊かな評価担当者なら、些細なアイデアと見えて実は大改革のきっかけとなる可能性を秘めていると見抜くこともできただろう。しかし、客室乗務員ではどうだろう。疑念が心をよぎる瞬間があったに違いない――わざわざ提案用紙に書きこむほど、経費節減の効果があるアイデアなのだろうか、と。コスト削減を基本目標に置く提案制度への参加率が低いという事実は、そういった制度は、社員が思いつくアイデアのほんの一部しか吸い上げることができない現実を露呈している。コスト削減の効果があるとは考えなかったり、その効果は評価されないと思い込んで、せっかく思いついても捨てられてしまうアイデアは実に多く、合計すれば相当の損失になる。しかし、イアン・ハートのアイデアのおかげで英国航空を利用しつづけているファーストクラスの乗客が、どれだけ多くの利益を英国航空にもたらしたことか。

アイデアに多額の報奨を支払うことによって制度の有効性が損なわれる可能性があることは、すでに述べた。アメリカン航空のIdeAAs in Actionでさえ、やはりその問題からは逃れられなかった。アイデアの追求は勤務時間外にというのが建て前だった。しかし管理者たちは、この方針に厳密に従うのは愚かだと言う。確かに、大きなコスト節減効果につながるようなルール違反には、大部分の管理者が目をつぶるだろう。しかし、社員の目から見れば事情は違ってくる。整備士たちが内密の話として打ち明けてくれたところによると、勤務時間には絶対にアイデア開発をしないようにしているという。自分の取り組んでいることを他の整備士が目にして、それにコスト節減効果があることを見抜き、アイデアを盗んで自分より先に提出してしまうかもしれないからだ。秘密主義こそ至上の防御策らしい。

多額の金銭が絡むことを考慮して、アメリカン航空では新たなアイデアが提出されるとまず重複チェックを行う。キーワードを指定してIdeAAs in Actionデータベースを検索し、同じアイデアが以前に提出されていないか確認する。同じようなアイデアが以前にも出されていると判明すれば、以前のアイデアに対する返事のコピーを添え、ケースに応じて慎重に選び抜かれた言葉が並んだ却下の手紙が提案者に返送される。ただし、出したアイデアが最終的に却下されることになっても、同じアイデアがまた出されたときのために、提案者にはそれから三年間にわたって優先権が与えられる。この三年間に別の社員が似た提案をしたり、または明らかに先に出されたアイデアをアレンジした提案を出した場合、もしこの新しいほうのアイデアが採用されれば、新旧二名の共同発案と見なされ、報奨金はこの二人で分配することになる。

この優先権システムに対する社員の信頼を確実なものとする必要を感じたアメリカン航空は、これに真剣に取り組んできた。実際、アメリカン航空がまだ正式な提案制度を持たなかった一九六〇年代に提出されたアイデアが、二十五年後、別の社員によって提出され、採用された。まずその社員に報酬は支払われたが、最初にアイデアを提出した社員が本部に訴えると、新たな提案者と同額の報奨金が支払われたという。

しかし、優先権があるがために、郵便室に勤務する社員が、IdeAAs in Action 宛の提案書とわかる手紙を開封し、自分のアイデアだと偽って提出しているらしいという噂まで流れている。だが、これとは対照的に、日本式の改善提案制度下では、社員がアイデアを盗用した事例にはお目にかかったことがない。日本の制度では、報奨金には重点が置かれていないため、盗用しても誰の得にもならないからだ。

読者の中には、アメリカン航空にはもうイノベーションの余地がないのではないかと疑われている方もいるだろう。マイル積立制度と、業界で初めてオンラインでの航空券予約を可能にしたSABRE予約制度導入でとりわけ有名なアメリカン航空だが、この二つのアイデアは、どちらもIdeAAs in Action 制度が導入される前に提案されたものだった。この事実は、アメリカン航空の提案制度の最も由々しき問題点を浮かび上がらせる。コスト削減は、既存の業務を改善することによって実現されるものであり、イノベーションは、その企業にとって未知の業務の開始につながる。

つまり、コスト削減を目指す制度とは、過去に目を向ける制度である。その提案制度からイノベーションが生みだされるはずがあろうか。IdeAAs in Actionは、実は大規模な業務矯正制度といえ、クリエイティビティを刺激してはいるが、それはあくまでもバックミラーをのぞきこんでいるにすぎないのである。アメリカン航空が意識ベクトルをどこへ向けたか。その方向が、クリエイティビティの発展する方向をも決定するのだ。

意識ベクトルについて、アメリカン航空に次のような大きな疑問をぶつけてみたい。コスト削減が最優先事項であることを理解していない社員がいると考えられるか、あるいはコスト削減の機会をみすみす逃してしまうような社員がいると考えられるか。答えはノーだ。意識の共有が徹底されているからこそ、アメリカン航空の提案制度は申し分なく機能しているのである。IdeAAs in Actionは模範的な提案制度であり、財政面でも充分、成果を上げている。とはいえ、クリエイティビティの観点からいえば、理想とはほど遠い。

皮肉にも、このIdeAAs in Actionの成功が、アメリカン航空がさらに高いレベルのクリエイティビティを獲得するのを邪魔しているのである。アメリカン航空をはじめ、クリエイティビティを刺激するために報奨金制度を利用している企業が真っ向から取り組むべき問題は、社員を報奨金制度から乳離れさせたうえで内的モチベーションを強化するという難問だ。

金銭的な報奨に依存する度合いが大きいほど、その落とし穴に深くはまりやすい。英国航空が、内的モチベーションを基礎とする提案制度の整備を目標として、報奨金制度をなくすか、あるいは報奨金の額を減らす方向で労働組合と話し合いを始めたとき、将来を暗示するような反応が組合から返ってきた。ある強硬派の組合指導者は、報奨金制度が廃止になりそうだと聞かされると、こう言い放ったという。

「だったら、箱を二つ用意すればいいだろう。一つには、『報奨金がほしいなら、アイデアはこちらへ』と書き、もう一つには『報奨がいらない方はこちらへ』と書いておくのさ」

このように、クリエイティビティを育成したいと考える企業の多くが、報奨金制度への依存度を低くするという慎重を要する問題に直面する（とすると、これまでクリエイティビティを引き出すために報奨金制度を使ったことがない企業は、この点では大いに有利な立場にあるといえる）。とはいえ、これは解決可能な問題でもあるのだ。次章では、日本有数の石油会社、出光興産の改善提案制度を検証する。控え目な報奨金を与える提案制度の導入から始めた出光興産は、やがて報奨金のない提案制度へ移行し、見事に成功した。次章で詳しく述べるように、移行後の変化に出光の社員の誰もが驚いた。提案数は倍以上に増え、社員の参加率は、驚いたことに一〇〇％を達成したのだから！　出光興産には、世界最高の改善提案制度が整っている。

報奨金を減額する案が浮上すれば、社員が懐疑的になるのは当然だ。我々は、どこの企業でも報奨金をゼロにすべきだとは思わない。しかし、出光興産の改善提案制度で提出されるアイデアは、方向性の明確さ、そして報奨金がないという事実の両方を反映するものだった。企業が目指す内的モチベーションと外的モチベーションのバランスがどういったものであれ、公正で包括的な報奨制度という観点から見れば、報奨金はできるだけ少額にし、クリエイティブな活動と報奨金とを切り離すことが望ましい。社員が多額の報奨金を期待して業務を行っている間は、内的モチベーションを高めるのは不可能だ。

意識のベクトルを合わせるということは、会社の主要な目標を全社員が支持し、常にその目標に沿った選択と決断を行えるような環境を作ることである。そしてクリエイティビティは、社員がどのようなアイデアを提案するか、アイデアが存在することに気づいた社員がどのように反応するかを決定づける。もし意識のベクトルが合っていなければ、その企業のクリエイティビティは、行き当たりばったりのアイデア以上のものは生み出さないだろう。ここで、当然の疑問がわいてくる。意識のベクトルを合わせるには、どうすればよいのだろうか。

意識のベクトルを合わせるには

意識のベクトルが合った企業がなかなか見つからないのには、理由がある。完璧なまでの秩序、忍耐、熱意が備わっていなければ方向性を合わせることは不可能である。企業はまず、意識の共有が是非とも必要であるという認識を持たなければならない。ところが、意識の共有が徹底されていなくても業務に支障はなく、また短期間に限ってならば利益を得ることもできる。そのため、そのような認識を持つまでには至らない。とすると、意識のベクトルを合わせるための最も重大なステップは、この第一段階「意識共有の価値を理解し、その必要性を認識すること」にあるということになる。とはいえ、意識共有の徹底はカルチャーが伴わなければ実現しないため、我々の言う「意識のベクトルを合わせる」とはこういうものであると定義するのは困難だ。反面、社内にいったん合意ができあがってしまえば、クリエイティビティの獲得に必要な意識共有の徹底は、驚くほど容易に実現できる。

意識のベクトルを合わせるには、意識を共有できていない原因を特定することから始めるべきである。大部分の組織においては、たとえクリエイティビティを獲得しようと積極的に取り組んでいても、その理由を見つけ出すのは容易ではない。その原因を見分けるためには、経営方針や業務を徹底的に見直す必要があるだろう。現場で働く社員の関心や行動は、企業の主要目標に沿ったものだろうか。社員は、役に立つ可能性のあるアイデアを見つけたら、前向きに検討するだろうか。そのアイデアを深く追求してみようと考えるだろうか。ダウンサイジングの結果、社内に生まれた不安感が意識の共有に悪影響を及ぼし、そのためクリエイティビティを阻害してはいないだろうか。そういった疑問に答えを出すために、標本調査やフォーカス・グループ調査を通じて、社員の意識や態度を知ることもできるだろう。プロジェクト・チームを設置して、経営方針や規則を見直すこともできるだろう。採用されなかった優れたアイデアの例を掘り返してみることで、クリエイティビティに直接的に制限を加えている、意識共有の欠如を知ることもできるだろう。意識の共有に向けた第一歩は、それが欠如する原因を排除することである。そして、意識のベクトルを合わせるには、以下の三点が必要になる。

❶組織の目標を明確にすること

クリエイティビティはどの社員から生まれるかわからない。そこで企業は、活用できる可能性のあるアイデアに行き当たった社員が、それに前向きに対処するような環境を整えておかなくてはならない。

会社が何を目指しているのかを示す手段はいろいろある。アメリカン航空では、プライド・オブ・アメリカン号が世界各国の空港に着陸するたび、社員は、自分たちのアイデアが削減したコストでその飛行機を購入したことを思い出す。そして、IdeAA推進役が誰かの抱いた不満をアイデアに変えようとするたび、意識の共有はまた少し広がる。

❷目標達成を促す努力

企業は自己の資金と時間を何に費やすか選択できる。アメリカン航空の場合、IdeAAs in Action

（アメリカン航空が進みたい方向へと確実に進ませている制度）に四十七人の専任スタッフを置き、一二五〇万ドル超の資金をかけた式典を開いてこの制度をアピールした。CEOのロバート・クランダルは多忙の身だが、IdeAAs in Action 関連の行事には優先的に時間を割いている。

❸目標に影響を及ぼす行為に対する責任感

企業の主要な目標に影響を与えるような意思決定について、社員や管理者一人ひとりに責任を負わせなくてはならない。意思決定が企業の方向性に沿わないものである場合には、これを正すための対策を講じる必要がある。

アメリカン航空では、提案を評価する業務に携わっている社員は、コスト削減効果のある提案が出されたら、即座に対策を講じた方が自分のためだと常に意識している。さっさと業務を改善しなければ、その提案がCEOの机の上に届けられ、自分の立場が危うくなるからだ。IdeAAs in Action の専任社員、四十七名全員が、その制度が会社の財政状態を向上させるためのものであると承知している。コスト削減効果が表れなければ、制度そのものも消えることになる。だからといって、矯正策として必ずしも大槌が必要とは限らない。多くの場合、助言や説明で十分なのだ。

第5章

② 自発的な活動を促す

Self-initiated activity

知的好奇心、すなわち理解したいという欲求は、空腹感や性欲と同様に自然な衝動——探求したいという衝動——に由来するものである。

アーサー・ケストラー

誰も頼んでいない仕事

アーサー・ケストラーの言葉は真実を語っている。人間には、探求し、創造したいという自然の衝動が備わり、その衝動が新たな活動へと人を駆り立てる。企業は、新しく、かつ役に立つものを作り出すために計画を立てることはできるが、そういった戦略は、予定された場所にしか企業を導かない。思いがけない場所へ企業を連れていくことは絶対にないのだ。そして、企業が無視しがちな計画外のクリエイティブな活動は、自発的な活動からしか生まれない。

製薬会社GDサールは、革命的な新しい甘味料を武器に食品・飲料業界に参入する計画を持っていたわけではなかった。マサチューセッツ州は、メディケイド規約の新たな解釈を発見し、十億ドルにのぼる授かり物を手に入れることになろうとは夢にも考えていなかった。先に挙げたクリエイティブな活動はいずれも個人が始めたものであり、誰かに頼まれて行ったものではなかった。ましてて、彼らにそういった活動を期待した人物はいなかった。

コーポレート・クリエイティビティの第二の要素は、自発的な活動である。計画外のクリエイティブな活動は、自発的な活動なしには起こり得ない。

ここではまず、新しいものを創造したいという衝動がどれほど強いものであるかを端的に示した、ある人物の行動を検証することから始めよう。彼は、過去に誰も想像し得なかった偉大な発明を成し遂げた。バーコードである。しかし、それは意図して考案されたものではなかった。そればかりか、バーコードを生むきっかけとなった一連の出来事も、意図して計画されたものではなかった。

ビーチで見つけたアイデア——バーコードの誕生

一九四八年、ジョゼフ・ウッドランドと同僚のボブ・シルバーは、ともにフィラデルフィアのドレクセル大学の専任講師を務めており、ウッドランドは機械工学部、シルバーは電気工学部に所属していた。

ある日、工学部長と会う約束があったシルバーがオフィスを訪ねると、学部長はまだ先客の相手をしていた。シルバーは廊下に面した部屋で座って待つことにした。奥の部屋のドアは開いていて、中で交わされている会話が漏れ聞こえてくる。学部長が話していた相手は、現在もフィラデルフィア一帯で店舗展開をしている大手スーパーマーケット・チェーンの一つ、フード・フェアのサム・フリートラント社長だった。

フリートラントは、レジで商品の値段を自動的に読み取るシステムの研究開発プロジェクトを新設するよう、学部長に頼んでいた。意外なことに、そういったシステムを求めていた理由は人件費の節減ではなかった。彼を悩ませていたのは、スーパーマーケット経営者が共有する問題——レジ係の入力ミスだった。理論的にいえば、レジ係の入力ミスから発生する損害は長期的に見れば帳消しになるはずだが、現実の客は、請求金額が少なければ黙っている反面、多すぎれば苦情を言うものだ。それに、スーパーマーケットは極めてわずかな利ざやで営業している。事実、この数年後に行われたある調査では、レジ係の入力ミスによる損害額は食品雑貨小売業全体の売上げの〇・七％を占めるという結果が出ている。薄利多売にならざるを得ない業界にとっては相当な損害である。フリートトラントがミスのないレジ業務を実現する方法を模索するのも当然のことだった。

残念ながら、ドレクセル大学がフリートトラントの窮地を救うことはなかった——少なくとも公には。学部長はそういった営利目的のプロジェクトは大学の使命ではないと考えたらしく、フリートトラントをにべもなく追い払った。シルバーは学部長との用件が済むと、ウッドランドのオフィスに立ち寄ってその一件を話した。話を聞き終わると、ウッドランドはしばらく考えて言った。

「最大の問題は、正しく読み取れるかどうかだな。どんなマークを商品につけるにしても、機械が読み取れる正しい向きに誰でも必ずそのマークを向けられるような種類のものでないと」

二人はアイデアを出し合った。

ウッドランドは、買い物客がコンベアベルトに商品を並べると、商品がベルトごとトンネルを通り、トンネル内部の光度計が発光塗料で描いたマークを読み取る仕組みを提案した。マークの有無を見分け、〇と一を組み合わせた二進法の数列に価格をコード化する。そこでシルバーは演劇用品の店に行き、発光塗料を三色買い求めた。次にウッドランドはドレクセル大学物理学部の技術者にかけあって、簡単な光度計を作ってもらった。こうして学部長のオフィスでの会話から三カ月後、ウッドランドとシルバーは試作品を完成させ、実験した。だが、三種類の発光塗料だけでは、八セントまでしか区別することができない。ウッドランドとシルバーは、即座に問題解決に取り組みはじめた。

この時点で、事態は予期せぬ方向へ動きはじめた。ウッドランドはドレクセル大学に勤務しながらMBAの修士課程に通っており、そこでの授業の一つに企業会計学があった。その講義の期末レポートの課題は、企業を一社選び、その会社の株が今後値上がりするかどうかを分析するというものだった。彼は、経理担当者が自分の父と同じロータリー・クラブの会員だという理由から、アトランティック・シティ・エレクトリックを選んだ。彼はこの株を分析し、業績のわりに安い株価がついていることを知り、おそらく六カ月以内に倍に値上がりするのではないかと予測した。ウッドランドに頼まれた父親が自社の株をどう見るかと意見を求めると、経理担当者はこう答えた。

「私なら買えるかぎり買っておきますよ」

そこでウッドランドは、金をかき集めてアトランティック・シティ・エレクトリック株を買った。彼の予測どおり、株価は倍になった。期末レポートにA＋の評価をもらったときには、教授もこれに便乗して一儲けしようと企んでいるのではとなかば疑ったという。高値で株を売ったウッドランドは、生まれて初めて大金を手にした。そしてこれをきっかけにドレクセル大学を辞め、フロリダ州にある祖父のアパートに居候しながらスーパーのレジ自動化案を数週間かけてじっくり考えてみるとボブ・シルバーに告げた。シルバーは、君はどうかしてるよと答えたという。

フロリダでの第一日目、ウッドランドはビーチに寝そべり、商品の包装に印刷する信号を新たに考えようと知恵を絞った。数年前にアマチュア無線の免許を取ろうとしたとき、モールス信号のテストには合格していた。事実、彼が知っているコードといえば、モールス信号だけだった。彼はコードのことを考えながら、上の空で砂に指先を突っこんだ。そして、手を引っこめたとき、見えたのだ——垂直の棒を並べるというアイデアが。そのとき、フロリダのビーチで、バーコードが生まれた。

しかし、問題が一つ残った。そのようなコードをどうやって読み取ったらいいのだろう。偶然にも、ウッドランドとシルバーはそれ以前にも音を記録する方法の開発に取り組んだ経験があった。映画のサウンドトラック技術を研究すると、フィルム上に焼きこまれた明るい線と暗い線に光を当てて音を読み取っていることがわかった。そこでウッドランドは、このサウンドトラックの原理を応用して、移動する光の点を商品上に走らせ、幅の違う発光するバーに反射した光の有無を検知する箱を作ろうと考えた。

特許を取るためには、もう一つ必要なものがあった。読み取った信号を自動で解読する装置だ。ウッドランドはニュージャージー州の実家に戻って、図面を引き、特許申請書の詳細を書きはじめた。そのかたわら、彼はボブ・シルバーに連絡を取り、サム・フリートラントが求めていた装置の開発に成功したが、解読装置が未完成だと打ち明けた。そしてその解読装置を完成させてくれたら、シルバーを共同発明者として特許を申請しようと誘った。シルバーはこの難問を引き受けた。やがて、たった三つの部品から成る単純で不格好な装置を設計し、組み立てた。

こうして、シルバーが学部長とフリートラントとの会話を偶然耳にした日からちょうど一年後、二人は装置を完成させた。もし、あのとき学部長がそのプロジェクトを引き受けていたら、同じ結末を迎えただろうか。学部長はウッドランドやシルバーに、プロジェクトに取り組むよう命じただろうか。こんな発明が行われただろうか。

一九四九年十月、ウッドランドとシルバーは、現在のバーコード・システムの原形と呼べる仕組みの特許を申請した。ただ、当初の垂直の線の集合体は、どの方向からも読み取れるよう、同心円型のコードに変更されていた。申請から三年後の一九五二年、特許が認められたが、バーコードの商業的価値が認められるには、それから二十年の苦渋に満ちた年月がかかった。その間、ウッドランドはより切実な試練に見舞われた。職探しである。

彼は数年間コンサルティング会社に勤務し、全国の飛行機製造会社にアドバイスしてまわっていた。この数年の間に結婚もし、家で多くの時間を過ごせるよう、定年退職まで勤められて、しかもバーコードの特許を活かせそうな会社を探した。コンピュータ会社が何社か候補に挙がったが、最終的にはIBMに狙いを定めた。そして一九五一年、ニューヨークのビンガムトン郊外にあるIBMのエンディコット研究所に採用された。残念ながら、ここでもしばらくの間はバーコードの実用化計画を延期しなくてはならなかった。入社した当時は朝鮮戦争の真直中だったからだ。

ＩＢＭ会長のトーマス・ワトソン・シニアは、全社を挙げてアメリカ軍に協力することをハリー・トルーマン大統領に約束していた。ウッドランドは、経営陣が最も彼に向いていると判断したプロジェクト――爆撃機用のナビゲーションシステム開発プロジェクトに配属された。

ＩＢＭ社長に息子のワトソン・ジュニアが就任した一九五二年一月、ウッドランドは思い切って社長に手紙を書き送った。社長昇進を祝う挨拶に続けて、スーパーマーケットのレジ用自動価格読取装置のアイデアを詳細に説明し、ＩＢＭにとって大きなビジネスチャンスになる可能性があると書いた。いくぶん戸惑いを覚えながらも、ワトソン・ジュニアは即座に返事を書いた。一九五二年二月五日付のワトソンの返事は、次のような内容だった。

親愛なるウッドランド殿

一月三十日付の手紙をありがとう。私の昇進を祝ってくださり、感謝しています。さて、貴君のスーパーマーケット関連のアイデアに非常に興味を持ちました。購入合計額を自動的に算出するシステムは、スーパーマーケット業界には是非とも必要な装置でしょう。技術局長Ｗ・Ｗ・マクダウェル氏に、この件に関する貴君の考えを聞くよう、指示しておきました。

敬具

トーマス・ワトソン・ジュニア

しかし、ウッドランド自身にはどうすることもできない出来事が重なり、心から取り組みたいと願ったプロジェクトから彼はふたたび引き離された。技術局長のマクダウェルと面談したとき、彼はバーコード・システムよりもウッドランド自身に関心があるらしいとウッドランドは直感した。トーマス・ワトソン・ジュニアは、一九四〇年代終わりごろから、主力商品パンチカード式機械製造一辺倒から会社を脱却させ、電子計算機時代への移行を図るよう父親の説得を試みていた。そのころのＩＢＭ社内には電気工学の専門家がいないも同然だった。そこで、マサチューセッツ工科大学出身のＷ・Ｗ・マクダウェルを技術局長の座に据えて、その後数年間で、数百名の電気技術者を、いや、ひょっとしたら数千名の電気技術者を採用し、ＩＢＭを電子時代に導くようにという指示をしたのである。

そんなわけで、一九五二年にウッドランドと会ったとき、マクダウェルは、自分のチームに優秀なエンジニアを加えられるのではという期待を抱いていたのだ。その結果、ウッドランドは長期計画に基づく新しい仕事を与えられることとなった。そして新たな仕事をこなしながらも、個人的にバーコード研究に取り組みつづけた。この異動の結果、一つ幸運が生まれた――勤務地の変更に伴い、近くに住むＩＢＭ社員と一台の車に相乗りして通勤するようになったのだった。このIBM社員とは、物理学者のイヴォン・グリーニアスで、のちにIBM社内でウッドランドを強力に支援するようになる。

当時、グリーニアスは光学文字認識装置の開発に携わっていたため、ウッドランドに光工学について多くの知識を授けた。その後、一九五九年、グリーニアスは先進的システム開発技術グループの責任者に指名された。そして、このグループのスーパーマーケットのレジ技術開発プロジェクトを指揮してくれないかとウッドランドを誘ったのである。こうして、学部長のオフィスでの会話から十一年後、バーコード・システムの開発がついに正式に開始された。

まもなく、IBMはスタンフォード研究所にウッドランドのアイデアの採算性調査を依頼した。ウッドランドとシルバーは最初の試作機を十年前に完成させていたが、IC（集積回路）やレーザーは開発されておらず、それを商品化できる技術が現れるのはまだ先のことだった。二人が作った試作機は、外光を遮断するために黒い布で覆われ、そのうえ五〇〇ワットの白熱電球を使っており、内部に熱がこもるという大問題に加え、明るすぎて目を痛める可能性もあった。

スタンフォード研究所は、システムの実用化は可能だが、導入による利益は開発コストに見合うものではないという結論を出した。しかも研究所は、リアルタイムの販売情報や在庫管理といったバーコードの導入に付随する将来の利点をまったく予測できず、しばらくこのプロジェクトを棚上げすることを勧めていた。ウッドランドは延期をしぶしぶ承知し、プロジェクトは何と十年間の長きにわたって中断されることになった。その決断は、当時の経営陣には当然のことと思われただろうが、この結果、ＩＢＭは莫大な富を生む市場に自ら背を向けることになった。だが、発案者ウッドランドは別の展望を抱いていた――ＩＢＭが開発の必要に迫られるときが必ず訪れるという確信を。

自ら道を選ぶ

ウッドランドは、バーコードの特許権の譲渡をＩＢＭに数回申し入れている。しかし、ウッドランドとＩＢＭはこの特許の価値について異なる見解を抱いていたため、合意に至ることはなかった。その後、一九六二年、ウッドランドとシルバーの言い値で買い取ろうとフィルコ社から申し入れがあったとき、二人は売却を決めた。二人とも、フィルコ社は、米国郵政省向けに開発中の自動郵便仕分けシステムのためにその特許が必要なのだろうと推測していた。しかし譲渡の手続きが完了したあとになってから、フィルコ社にはその特許を使う意思がないことをフィルコ側の弁護士から教えられた。フィルコ社はその三十日後にフォード社に買収され、数多くの特許権を有していたため、フィルコ社には高値がついた。バーコード・システムの特許は、値をつりあげるのにいい材料になったことだろう。ところがフォード社もその特許権を行使しないまま、のちにＲＣＡ社に譲渡した。そしてこのＲＣＡ社がついに一九六六年初めにバーコード・システムの開発を正式プロジェクトとして開始し、精力的に研究を進めた結果、キャッシュ・レジスター市場で七年間、

ＩＢＭをリードし続けた。

最終的には、バーコード・システムの考案者が自社の社員だったことの重大性に改めて気づいたＩＢＭは、ふたたびキャッシュ・レジスターの販売競争に加わることになるのだが、その再認識のきっかけとなったのは、ある意外な出来事だった。

一九六九年、多くの得意先がＩＢＭに大きな期待をかけはじめていた。顧客は、売上予測や仕入補充プロセスの自動化を望み、標準的なＮＣＲの電気機械式キャッシュ・レジスターに不満を募らせていた。そこでＩＢＭはＰＯＳシステム事業への参入を決め、ノースカロライナ州ローリーにおよそ三十名の社員から成るキャッシュ・レジスター開発グループを設置した。当初の二年間、このグループはエレクトロニクス技術をキャッシュ・レジスターに活かし、優れた情報処理能力を持つ製品を開発しようと努力した。

そして、ウッドランドの特許の期限が切れた二年後の一九七一年四月、ＩＢＭのキャッシュ・レジスター開発チームは、衝撃的なニュースを知らされる。メンバーの一人、アレク・ジャブロノバーがシンシナティで開かれた業界主催の展示会に参加すると、ＲＣＡが光学価格読取機を発表し、センセーションを巻き起こしていた。ＲＣＡの展示フロアに入ると、両端に同心円型のバーコードが印刷された空き缶を手渡される。その缶はくじになっており、ＲＣＡのブースの読取機でスキャンして当落の判定をしていた。ＲＣＡの展示ブースはスーパーマーケット経営者たちの関心を集め、一方のＩＢＭのブースでは閑古鳥が鳴いた。ジャブロノバーは偵察に出かけ、そこで目にしたものに愕然とする。彼はそのブースに長い時間留まり、矢継ぎ早に質問を浴びせかけたため、すぐにＩＢＭ社員であることを見破られて、ブースから追い出された。

ジャブロノバーの報告を受けた開発チームは、早急にバーコード・システムの実用化に取り組むべきだと判断した。バーコードについて調べられるだけ調べるよう命じられたジャブロノバーは、まずＩＢＭ内の図書室に向かい、古い社内報に同心円型のバーコードに関する記事があるのを見つけた。記事では、ジョゼフ・ウッドランド――ＩＢＭの社員だと知って仰天した――が大きく採り上げられていた。上司にその記事を見せると、二人とも、ともかくウッドランドと連絡をとるべきだと考えた。手始めに、ウッドランドがまだＩＢＭに在籍しているかどうかを確認した。いくつか電話をかけると、ウッドランドがＩＢＭ本社に勤務していることがわかった。教えられた番号にかけるとウッドランドが出た。「あなたはバーコードを発明した方ですね」とジャブロノバーは確かめた。「ええ、その通りです」とウッドランドは答えた。

その夏が終わる前にウッドランドはローリー転勤を命じられた。彼が到着すると、意気消沈していたキャッシュ・レジスター開発グループはにわかに活気づいた。

これ以降、ＩＢＭはバーコード・システムから大きな利益を手にした。しかし、この最先端技術がスーパーマーケットや小売業界に広く導入するには、標準化する必要があった。

ウッドランドの初期の貢献の一つは、業界の標準となる統一商品コード（ＵＰＣ）を決定するコンペに参加するため、開発グループの先頭に立ってＩＢＭ独自の仕様案を設計したことだ。ＩＢ

Mのものを含め、十二種類の仕様案がコンペに提出された。ＲＣＡは、ウッドランドとシルバーが一九五二年に特許を取った、同心円型のバーコードをほとんどそのまま使っていた。ＩＢＭは、二十年以上も前にフロリダのビーチでウッドランドの頭に浮かんだ、幅の違う縦線を並べた方式を基本に、いくつか大きな改良を加えていた。ＵＰＣ選定委員会は審査の結果すべての仕様案を却下したが、最終的に採用したコードは、ＩＢＭが提案したものに酷似していた。一九七三年、これが標準バーコードと定められ、ＩＢＭはこれを機に優勢に転じ、以来、ＰＯＳ市場を手中に収めている。

一九九二年、ウッドランドが数々の功績を残したＩＢＭ社を定年退職したとき、ジョージ・ブッシュ大統領は科学技術国家勲章を授与した。その表彰状には以下のように書かれていた。

> バーコード技術の実用化に結びついた発明と業績をここに称える。その功績により、すべての産業の生産性が向上し、バーコード業界という新たな産業が作られた。

ジョゼフ・ウッドランドの事例のような自発的な活動は、コーポレート・クリエイティビティの領域では例外的なものと思われるかもしれない。しかしここまでに見てきたように、企業内でのクリエイティブな活動の大部分は、こういった活動から始まっているのだ。コーポレート・クリエイティビティを検証するとき、自発的な活動がこれほど目につく理由は何なのだろうか。こう考えてみてほしい。

ウッドランドは、会社に命じられてスーパーマーケット用の光学読取機を開発したのだったろうか。彼は機械工学のエンジニアであり、電気エンジニアでもコンピュータ科学者でもなかった。彼はビジネスに旺盛な関心を抱いていて（ドレクセル大学で講師をするかたわら、ＭＢＡ修士課程の学生だったことを思い出してほしい）、フリートラントが何を求めているか的確に理解していた。彼の将来を決定づけた直感は、以前興味を抱いていたアマチュア無線の知識や、映画のサウンドトラック技術をかじっていたことから生まれた。あとから考えれば、彼は光学読取機の開発にうってつけの人物だったわけだが、彼以外にそのことに気づいていた人物はいただろうか。

ウッドランドは自ら望んでそれを開発する道を選んだ。ウッドランドもシルバーも、そしてフリートラントでさえ、産業界にバーコード・システムが広く普及することになるとは夢にも思わず、普及すると考えたから熱意を抱いたわけでもなかった。そういったシステムが必要だと信じるだけで十分だったのだ。

新しいアイデアが秘める可能性の総和からいえば、ほんの小さな可能性――ごく些細なこと、考案者以外の者が見過ごすほど小さなこと――がクリエイティブな活動への入口となった例がどれほど多いことか。大ベストセラーとなったある製品の開発にまつわる変わった裏話が、このことを裏づけている。その製品とは、初めて実用レベルに達した日本語ワープロだ。

人間が必ず持っている欲求

一九七七年、富士通のハードウェア技術者の神田泰典は、コンピュータ・プログラミングを学びはじめたばかりだった。そして、初心者プログラマーが犯しがちなミスをひと通り経験しながらも、ベテランのプログラマーならかえって見落としたであろうあることに気づく。

アメリカ人プログラマーの手で書かれたプログラムには、本人以外が見ても内容を容易に理解し、活用できるよう、「コメント行（プログラム中に挟みこまれた注意書き）」がいくつも挿入されていた。一方、日本人プログラマーが書いたプログラムには、コメント行はほとんど利用されていない。神田はなぜなのだろうと考えた。そして、問題はキーボードにあると思うようになった。キーボードはどれもアルファベットしか打ちこめず、日本語でコメント行を入力することができなかった。日本語を打てるキーボードがそもそも存在しなかったのだ。

もし日本語入力用に設計されたキーボードがあれば、プログラマーは進んでコメント行を入力するようになるだろうと神田は考えた。しかし、この時点では、数千種にのぼる漢字をキーボードにわかりやすく配置する方法は思いつかなかった。一つのキーに一つの文字を割当てるという単純な方法では、大きなテーブルほどのキーボードが必要になってしまう。事実、当時存在した初期の日本語ワープロは、テーブルよりも一回り大きいサイズだった。

神田は、日本語を簡単に入力できる新型キーボードを思い描きはじめた。そして独学で、欧米コンピュータに採用されているアスキーコード（情報交換用米国標準コード）の開発に至るまでを勉強した。彼はこの間に書き留めたメモを見せてくれたが、その研究範囲の広さを垣間見た我々は感心した。

彼は、欧米式タイプライターの開発における最も大きな転換点は、シフトキーの発明であることに注目した。シフトキーは、キーボードから入力できる文字数を一挙に倍にした。神田は、富士通の別の研究員、池上良己とともに、複数のキーの組み合わせで平仮名を打ちこみ、それを基礎単位として数千に及ぶ漢字を選択して入力するという方法をいろいろ試したという。

実際の機械式タイプライターにはシフトキーが一つしかない。英語入力にはそれで十分だからだ。だがコンピュータならば、すべてのキーに二つ以上の機能を割当てることも可能になる。神田と池上の研究がきっかけとなって、約二年後、富士通はそれまでになかったキーボードの開発に着手し、のちに日本語や中国語ワープロの標準入力方式となった。日本人プログラマーが書くコメント行の数は増加したかもしれないし、しなかったかもしれない。だが、それは重要なことではない。このキーボードの登場によって低価格のワープロ普及時代が幕を開け、アジア諸国に自由なコミュニケーションの手段をもたらし、神田の自発的な活動を通して、富士通はワープロ業界に大きなシェアを持つようになった。

しかし、こうも考えられないだろうか。もし富士通の経営陣が新しい日本語ワープロの開発を目指していたとしたら、神田のような初心者プログラマーにその指揮を執らせるようなことはおそらくしなかっただろうと。たとえ彼に任せていたとしても、ほんの些細な問題——日本人プログラマーがコメント行をもっと簡単に書けるようにできないかという思いつき——が彼の好奇心をくすぐり長い冒険旅行へ駆り立てることになると、果たして予想できただろうか。

抑えられない衝動

アーサー・ケストラーが指摘したように、クリエイティブな活動を始めたいという欲求は、幸運にもほぼすべての人にもともと存在する。そして、空腹感や性欲と同じように深く根ざした衝動から生まれてくるものでもある。自発的な活動を刺激しようと試みるなら、企業は、すでに存在するその欲求を解放することだけを考えればいい。しかし、何もしないというわけにはいかない。会社という環境では、首尾一貫した、そして基盤のしっかりした自発的な活動は、放っておいて生まれるものではないからだ。

高いレベルのクリエイティブな活動を行っているごく一部の企業では、社員のアイデアを実現に結びつける制度を確立していたのだ。それを目の当たりにして、我々は、社員から出されたアイデアに効果的に対応できる制度が整っていれば、必ずといっていいほど、それまで眠っていた自発的な活動を表舞台に引っ張り上げることができると考えるようになった。

好奇心やモチベーションというごく個人的なレベルの問題を議論するのに、制度について論じるとは、皮肉にも思われるかもしれない。しかし、現実の企業で目にしたものがその結論へと我々を導いたのだ。制度は、問題の全体像をぼやけさせる。アイデアがどこから生まれるのか、自発的な活動を開始させるものは何なのか、制度はそのようなことには関心を向けない。

欲求のはけ口――米国林野部のアイデア・ラッシュ

米国林野部東部管区の事例を考えてみよう。一九八五年、農務省は林野部を批判し、クリエイティビティに欠け、お役所仕事をだらだらと続けているだけだと断じた。この非難が的を射たものであることを承知していた林野部長官マックス・ピーターソンは、これを契機に、クリエイティビティとイノベーションの育成を目指す、新しい「人材優先」の管理手法を導入した。彼は四カ所の国有林で新しい管理システムの導入テストを開始し、ミズーリ州マーク・トゥエイン国有林がその一つに選ばれた。

この国有林でプロジェクトは大成功をおさめ、東部管区の森林監督官フロイド・マリタは、彼が担当する十二州のすべてをテスト対象地域に指定するよう林野部に求めた。この要請が承認されると、新たな導入プロジェクトは、「イノベーション（innovation）」と「社内起業家（intrapreneurship）」

の頭文字、二つの「I」をとって、プロジェクトSPIRITと命名された。

プロジェクトSPIRITが最初に着手したのは、機能していない提案制度にメスを入れることだった。この制度はお役所的で反応が鈍く、たとえば提案するのに四ページにわたる申請書を用意しなければならなかった。直近の四年間を見ると、東部管区の二五〇〇名の職員は、のべ二五二件しかアイデアを提出していない。一人当たりに換算すれば、なんと四十年に一つの提案という計算になる。

改定された新たな制度では、ごく単純な手続きが採用された。コンピュータ上で提案書を作成して地区本部に提出するか、電子メールで送信すればよい。導入当初から林野部は、提案が出されれば必ず何らかの対応をすると職員に約束していた。本部から来た幹部は管区内の各支所を回り、現場スタッフと面談するなどして新制度をアピールした。新制度の規則のなかに、出されたアイデアに林野部がきちんと対応することを明確に定めた一文がある。アイデア提出後、三十日以内に何の反応もなければ、提案内容が法律に触れず、また林野部の業務範囲を逸脱していない場合、そのアイデアは自動的に採用され、即座に実現されなければならないとされていたのだ。

地区本部はカール・メトケを専任クリエイティビティ・コンサルタントに任命し、業務分野ごと、そして管区内に十六ある国有林ごとに、プロジェクトSPIRITコーディネーターを任命した。報奨金は用意されていなかったが、採用されたアイデアの提出者には、しっぽを垂らしたスカンクの絵がついた銀のステッカーが配られた。却下されたアイデアに対してもスカンクのステッカーが渡された——ただし、しっぽを上げたものが。

カール・メトケによれば、制度の導入と同時に新しいアイデアが殺到したという。林野部には、初年度だけで、旧制度下での提案数のほぼ一〇〇倍に該当する六〇〇〇件のアイデアが寄せられた。その後の三年間で一万〇〇〇件を超える提案があり、そのうちの約七五%が実現に結びついた。変わったのは制度だけ——職員が入れ替わったわけではない。だが、新しいアイデアを真剣に受け止める制度の導入を境に、数千もの自主的な活動が続々と誕生したのである。

企業が予期せぬクリエイティブな活動を促す効果のある制度を初めて導入した直後には、たいていアイデアが殺到するものだ。それどころか、導入直後は、生まれたばかりの制度では処理しきれないほどのアイデアが集まってしまう。

数年前、我々は大きなアパレル製造販売会社のアドバイザーを務めた。数世紀にわたる歴史を誇るその会社は、このころ初めて、社員からのアイデアを募る制度を設置した。この制度を全社に導入する前に、三十名ほどの社員が所属するある工場で小規模な導入テストが実施された。会社のCEOと製造部門担当副社長は、テストが行われた工場に出向いて社員にじかに会い、会社は社員からのアイデアを必要としており、いかなる提案も迅速かつ真剣に検討し、採用されたアイデアには報奨金を支払うと約束した。我々のアドバイスにも関わらず、この会社は、予想されるアイデアの殺到に備えた準備を怠った。経営幹部は、過去に一度もアイデアを提出したことのないごく普通の社員が、突然、堰を切ったようにアイデアを思いつくとは夢にも思わなかったのだ。そのため、パートタイムの責任者として任命されたある管理職が、提出されたアイデアすべてにたった一人で対応する手はずになっていた。制度の運用を開始してみると、やはり数日後には彼の手に余る数のアイデアが殺到した。二週間が過ぎるころには、彼が預かったアイデアは一三〇件に達していた。計算をしてみればわかることだが、哀れにもこの管理職には初めから勝ち目はなかったのだ。

専任スタッフを持つ、成熟し、高度に自動化された提案制度IdeAAs in Actionの評価担当者は、一つの提案を処理するのにざっと四時間かかると話していた。新たに導入された直後の制度に適用するには、四時間という数字は見積りとして楽観的すぎるが、仮にこの甘い見積りを適用して計算すると、気の毒なパートタイムの中間管理職者は、十日間で五〇〇時間を超えるほどの仕事を押しつけられたことになる。しかも、まだ小規模なテストを行っただけの段階でである。その結果、事態は一気に逆転して、制度導入以前の状態に戻ってしまった。テストが行われた工場の社員の大部分は、提出したアイデアに一切の反応を示してもらえなかったのだ。社内には、経営陣は約束を反古（ほご）にしたという噂が広まり、一方の経営幹部は、この勢いで全社からアイデアが殺到すれば新制度導入のコストは相当な金額になると悟って怖じ気づき、プロジェクトはうやむやのうちにお蔵入りとなった。

制度が成熟し自動化されているという前提で見積もると、安定し、実効性のある提案制度を運営するためには、最低でも社員五〇〇人当たり一人の専任スタッフが必要と思われる。しかし、導入当初は、この二、三倍の専任スタッフを用意すべきだ。前述のアパレル会社の経営幹部の判断はまさに正しく、新制度を導入するには多額の資金が必要なのである。自主的な活動への欲求は、大多数の人々が想像するよりもはるかに深い。我々の経験からいえば、効果的な提案制度を実現しようとする際の最も大きな問題は、導入直後のアイデア・ラッシュを切り抜けるにはそれなりの資金を投入する覚悟が必要だと企業を説得することである。それに比べれば、他の問題の解決など楽なものだ。

このアイデアの洪水が起きる理由は簡単だ。以前は事実上のはけ口がなかったために社員が長年にわたって溜めていたアイデアが、制度の導入とともにどっと噴出するのだ。同様の現象は、品質管理制度導入直後にも見られる。実効性のある品質管理制度が導入された直後には、多数の欠陥品が発見される。といっても全体の品質が低下したわけではなく、導入以前には発見できなかった欠陥が制度導入をきっかけに一気に表面化するからだ。

米国林野部の事例では、初期に出されたアイデアの大部分は、長年、社員が不満を抱いていた官僚的業務手順の排除につながるものだった。そういったアイデアのうち最も大きな成果を挙げたのが、林野部の非合理的な購買手続きを改善する提案だった。東部管区の資材調達・資産管理を担当するプロジェクトSPIRITコーディネーター、ビル・ミラードは次のように話してくれた。

コーディネーターに任命された私は各支所へ出向き、資材調達・資産管理手続きを合理化できるアイデアがあったらどんどん出してくれと頼んだ。すると、三〇〇件ものアイデアが集まった。

複数の職員から同じアイデアが出された例はいろいろあったが、中でも二十人から二十五人が提出した提案は、もっと簡単に店頭で資材を購入できるよう、小切手で支払える仕組みを導入すべきだというものだった。

これ以前には、たとえば森林警備隊員が詰所用にフロアワックスを一缶購入したとすると、販売した店は、林野部宛に請求書を送らなければならなかった。請求書は林野部での数段階の官僚的手続きを経て処理されたのちに財政局に送られ、そこで承認されると財務省に送られ、ようやく支払いとなる。支払いまで半年も待たされるのは日常茶飯事で、林野部の業務にも深刻な影響を及ぼしていた。林野部の購買業務は、小さな街の商店で行われるものが大部分だ。たとえば、森林火災消防キャンプを設営したら、消防士用の食料やその他の備品を購入するといった類いの購買である。とすれば、商店主が支払いに気の遠くなるような時間をかける組織に品物を売るのを渋るようになっても無理はない。林野部とはいっさい取引をしない商店もあったという。

ビル・ミラードは、そういった状態を改善するプロジェクトを指揮した。新しい「第三者小切手」制度では、一部の職員が二五〇〇ドルを上限に経費枠を与えられ、民間会社GELCOペイメント・システムの口座から振り出された小切手を使って店頭で清算できるようになった。GELCOは、入札の結果、支払い処理と支払い明細書の作成業務を落札した会社である（林野部では、林野部名義の小切手を使うことはできない。支出の権限は議会から林野部に与えられる性質のものだったからだ）。最終的にこの提案は、林野部に年間五十万ドルの経費節減効果をもたらすと評価された。旧制度では、購買請求一件の事務処理コストは一四二ドルだったが、第三者小切手制度下では、二～三ドルにまで抑えることができた。ビル・ミラードは現在、林野部全体にこの新しい制度を導入するプロジェクト・チームで活動している。

プロジェクトSPIRITのアイデア殺到期間に提出された他の提案には、森林警備隊員により多くの承認権限を持たせようというものや、休暇の申請書を一通に減らそうというもの、レクリエーション・エリアのパトロールには4WDトラックではなくマウンテンバイクを利用しようといったアイデアがあったという。

残念ながら、林野部の話はハッピーエンドにはならなかった。東部管区内での導入テストがまもなく打ち切られたのだ。カール・メトケが「慈悲深き怠慢と無抵抗の抵抗」と呼ぶものによって提案制度は少しずつ衰え、プロジェクトを支えた勢いも徐々に失われていった。一九九二年、「夢の四年間」(と彼らは呼んだ)は終わりを迎え、林野部は、たとえばアメリカン航空のように提案制度をうまく維持できなければ、クリエイティブなアイデアの小川はいつか涸れてしまうということを学んだ。

参加率一〇〇％へ

米国林野部の制度は、我々に強烈な印象を与えた。アメリカン航空のIdeAAs in Actionもそうだった。両者とも、多数の有益なアイデアを生み出した。しかし残念ながら、どちらも一〇〇％の参加率を達成するには至っていない。コーポレート・クリエイティビティを促す制度はすべて、誰もが備える自発的な活動への欲求を解放することを目標とするべきなのである。

ではここで、世界最高の改善提案制度の一つと我々が確信している事例に目を向けることとしよう。出光興産の提案制度である。興味深いことに、出光では、報奨金制度を廃止し、内的モチベーションの刺激に重点を移した直後、参加率一〇〇％を達成した。報奨金のない提案制度を持つ出光の事例は、内的モチベーションこそコーポレート・クリエイティビティの鍵であることを、改めて裏づけている。トム・ピーターズは著書『経営破壊』（TBSブリタニカ）でこう述べている。

（組織のどのレベルにおいても）理想的な社員とは、自発的にプロジェクトを始める社員である。

出光では、どの社員もまさにその通りのことを実行しているわけだが、魔法の新入社員採用ツールでも持っているのだろうか。それとも、他の何かが効果をあげているのだろうか。確かに取材した出光のどの社員にも深い感銘を受けたが、出光の秘密は魔法などではなく、他の何か――内的モチベーションを基盤とした優れた提案制度に隠されていると我々は信じている。

出光の秘密

一九一一年、二十六歳の出光佐三が小さな日本石油の特約販売店を開いたとき、まさかその会社がのちに日本でも有数の石油会社に成長するとは夢にも思わなかっただろう。出光佐三は一九六六年まで社長を務め、その後、弟に社長の座を譲った。会社は急成長を遂げ、日本経済や石油業界が大変革を経験したにも関わらず、出光興産は創業者の個性的な経営理念と哲学を守り抜いている。現在、日本全国に九〇〇〇店を超えるガソリンスタンドがあるが、出光の名前を知らない日本人はいないといっていいだろう。

一九八五年以前、出光の業務改善活動では、社員からの提案に対して五〇〇円の商品券というささやかな報奨を支給していた。しかし一九八五年、徳山製油所で職務改善活動の責任者を務めていた関洋一郎は、この報奨金制度の精神に疑問を抱いた。報奨は、「給料は社員の生活保証のために支払うもので、一つひとつの労働に対する報酬ではない」という出光の経営哲学に矛盾するうえ、報奨金の支払処理が会社に大きな負担を強いていると感じたのだ。

改善提案は、全社で週におよそ二〇〇〇～四〇〇〇件提出されており、中には毎日のように商品券を受け取っている社員もいた。関はまず、特定の個人ではなく、提案者のいる部署に報奨金が支払われるように支払制度を変更し、支払処理を単純化しようと試みた。しかし、これでは問題の解決にならないことが判明した。そこで関は、徳山製油所で、通常では考えられない実験をしてみようと決意した。提出されたアイデアに報奨金が支払われなくなったらどうなるか、様子を見てみようと考えたのだ。

我々が話を聞いたとき、彼も他の全社員と同様に、報奨金制度がなくなれば改善提案の数も減少するだろうと思っていたと打ち明けた。そう予想しながらも彼は実験を決行し、誰もが驚いたことに、正反対の結果が出た。提案の数が倍増したのだ。

一九八八年、東京本社の改善部門に異動した関は、報奨金のない改善提案制度を全社に導入し、やがて出光の制度は日本最高の改善提案制度の一つとなった。一九九六年には、日本HR協会のランキングでも上位五社に入っている。このランキングは提案されたアイデアの総数で順位づけしているため、出光より規模の大きい会社の方が有利だったのにである。いま振り返れば、出光はクリエイティビティの方程式から金銭という変数を除いた結果、あとに残されたもの、つまり内的モチベーションと自分の仕事を改善することから得られる「精神的な」報奨に全神経を集中せざるを得なくなったことがわかる。そして実現のために、会社は社員一人ひとりの意見に耳を傾け、真剣に取り組もうとしているということを全社員に明確に表明する必要に迫られたのだ。

出光の改善提案制度に提出されたアイデアの中から、ごく簡単な改善案の例を二つ紹介しよう。

一つは東京本社の秘書が提案したアイデアで、職務改善活動のニュースレター『改善』一九九五年三月号で採り上げられたものである。

私は毎月、月次改善報告をおよそ五十の支社宛にファックスで送付していました。そして、電話料金が割引になる夜間にファックスを送ることにしようと決めました。そのコストは以下のようになります。

旧：通常のファックス料金は八円／ページ。
八円×（二〇頁／ファックス）×五〇支社×（一二回／年）
＝九六、〇〇〇円
新：夜間のファックス料金は三〇％割引なので、五・六円／ページ。
五・六円×（二〇頁／ファックス）×五〇支社×（一二回／年）
＝六七、二〇〇円

この改善は二月から実施し、年間でのコスト削減効果は二万八八〇〇円になりました。

二つめのアイデアは、一九九六年に東京本社広報部の社員から提出されたものだ。出光は国内五か所に製油所を持っている。これらの製油所では、定期的に訪れる記者や地元の学生、業界団体といった社外からの見学者に製油所の運営を理解してもらおうと、小冊子を作って配っていた。小冊子には、製油処理のフローチャート、施設の航空写真、設備やスタッフに関する数々の統計などが掲載されている。一九九六年五月以前は、各製油所ごとにこういった小冊子を企画・編集し、印刷していた。しかしこのやり方では印刷費がかさむうえ、各製油所の社員にかなりの負担を強いることになる。多くの石油化学会社の施設と同様、出光の製油所は高度にオートメーション化され、最小限の社員で運営されているため、一人当たりの仕事量も多い。にもかかわらず、いずれかの社員が小冊子製作の責任者に指名され、少なからぬ時間をとられていたのだ。

そこで、さしこみ式の統一フォーマットを作ろうという提案が出された。共通フォーマットがあれば、各製油所は必要なデータを収集して空白ページを埋めるだけで、あとの部分の製作を本社に一任すれば済む。現在では全製油所の小冊子が同じ印刷製本会社で一括して印刷されており、出光は印刷費の交渉を有利に進めることができるようになった。この提案は、時間の節約にもつながった。全国で計五名の社員が小冊子の製作に携わり、しかも重複した作業を別々に行っていたころと違って、たった一人の社員に作業の大部分を任せられるようになったからだ。出光では、この提案の年間コスト削減効果を五〇〇万円程度と見積もっている。

出光の改善提案制度は、IdeAAs in Action をはじめとする提案制度よりも、はるかに広い視野を持つといえる。たとえば、職場環境といった目に見えないものも含め、企業経営全般から改善点を探そうと試みているからだ。しかし、出光の制度もやはり、バックミラーをのぞきこみながらのクリエイティビティ育成に焦点を据えている。改善は、企業がすでに行っている業務に対してなされる。また、ファックスのコストを年間二万八八〇〇円削減した秘書のアイデアのように、出光で行われるクリエイティブな活動のほとんどが、比較的規模の小さなものであることは確かである。事実、出光の提案書は、一枚に十二件もの提案を同時に書きこめるようになっているほどだ。しかし出光は、どんなに小さな活動であっても、誰もが一度は自発的な活動を経験できるよう努めることを通じて、より大きな成果を生むクリエイティブな活動が発生する可能性を高めることに成功したといえる——他の会社では与えられないチャンスを与えられていることに社員がいつか気づけば、彼らはおそらく、何らかの活動を始めるであろうから。

自発的な活動を促すには

クリエイティブな活動の基礎となる自発的な活動を促すのは驚くほど容易である。クリエイティブでありたいという欲求は、多くの人に生まれながらに存在し、会社はその欲求を解放するだけでよいのだから。必要なのは、社員のアイデアに敏感に反応できる制度を導入することだけなのである。だが、いかなるタイプの制度を導入するにしても、次の五つの要件は満たさなくてはならない。

❶全社員が利用できる制度であること

誰がクリエイティブな活動に関与するか予測不可能なのだから、全社員にその制度の仕組みを理解させ、常にアクセスできる環境を整えなくてはならない。ここまでに紹介してきた、大きな成果を生み出した制度はすべて、全社員の参加を目標としている。アメリカン航空や出光興産では、全社員が制度の存在を知り、その仕組みを理解していた。

❷容易に利用できる制度であること

利用が困難な制度では、参加する社員が限られる。出光興産の例でも、書類には必要最小限の項目しかなく、一ページに計十二件の提案が書きこめるようになっている。

❸強力なフォロー体制が整っていること

真剣に対応してくれない制度にアイデアを提出する人はほとんどいないだろう。効果的な制度とは、即座に対応できる体制が常に整っているものだ。アメリカン航空では、一五〇日以内に評価作業が完了しなければ、提案はCEOの机に直行する。出光興産では、社員は先に改善に着手し、提案書を書くのはそのあとでよいとされている。提案制度をうまく機能させるためには、社員から出されたアイデアが規則どおりに受領され、迅速な評価に付されるということを、社員に知らせる必要がある。

❹アイデアの文書化を義務づけること

大きな成果を生む制度では、社員がアイデアを文書にして提出し、その後の経過も同じ文書に記録される仕組みが確立されている。この文書化が必要とされる最大の理由は、責任の所在を明確にすることである。こういった理由から、アメリカン航空では他の予算報告と同じようにIdeAAs in Actionの監査を始めている。さらに、文書化することによって、出されたアイデアを他の社員が理解しやすくなり、同じようなアイデアやもとの提案をさらに発展させたものが他の部署から生まれる可能性を新たに生む。また、アイデアを紙に書き留める行為は、思考を明確にし、提案をわかりやすくすることにつながる。しかし現実には、文書化を義務づけない制度を敷いている企業は残念ながらまだまだ多い。

❺内的モチベーションを基盤とする制度であること

ここまでに紹介してきた制度は、それぞれ独自の報奨・表彰制度を備えている。一般的にいって、アイデアに与える報奨が少ないほど、より大きなクリエイティビティを引き出せる。アメリカン航空のIdeAAs in Actionは多額の報奨を大きな特徴とし、提案者の通常のサラリーを超えるようなケースもしばしば見られた。一九九六年度、一万七〇〇〇件のアイデアが提出され、四三〇〇万ドルのコスト削減効果がもたらされたが、社員の九一%は一度も提案をせず、提出アイデア数の平均でも社員五人当たり一件にも満たなかった。

一方、ジョンソン・コントロールのフォーメック工場では、報奨の額はささやかなものだったにもかかわらず、一九九五年度、社員一人当たり平均三件の提案を提出し、社員の参加率は一〇〇%だった。同年、報奨のない提案制度を実施する出光興産では、社員一人当たり平均一一八件のアイデアを提出し、参加率は一〇〇%を達成した。最良の結果を生むためには、内的モチベーションに対する刺激を強化し、報奨を最小限に抑えた提案制度を導入すべきといえる。

第6章

③ 非公式な活動を認める

Unofficial activity

新しく、素晴らしいものを求めているのだ――君たちが差し出す、見慣れぬ不愉快なものではなく。

ジャック・バルザン

意外なメリット

自明のことであるが、予期せぬクリエイティブな活動は、会社から正式なプロジェクトとして認められる前の「非公式の活動」からスタートする。こういった非公式の活動は、数分で終わることもあれば、たとえばそのアイデアが会社にとって「見慣れぬ不愉快なもの」であった場合など、数年単位で続くこともある。我々が調査した、企業の将来を決定づけることになったクリエイティブな活動の大部分は、長期間にわたる非公式の活動から始まっていた。そのような活動を許すゆとりが企業側になければ、一貫してクリエイティブでありつづけるゆとりも失われる。

この章で取り上げる事例からもおわかりになるだろうが、コーポレート・クリエイティビティの第三の要素「非公式の活動」は、会社の正式な承認を得た活動には見られない利点を備え、予期せぬ場所へと企業を導く力を秘めている。

さて、これから紹介するアイデアほど、発表当初、奇妙で不愉快なものとして迎えられたものは他にないだろう。このラッセル・マーカーの場合、プロゲステロン、エストロゲン、テストステロンといったホルモンを人工的に合成する方法を思いつく最大のきっかけとなったのは、非公式な活動だった。マーカーの功績は、現代社会に、ことに女性の生き方に計り知れない影響を与えた。右に挙げたような重要な性ホルモンを安価に大量生産する方法の発見を境に、流産の頻度は減少し、出産はより安全に、更年期障害は軽くなり、一般的に「ピル」と呼ばれている経口避妊薬の普及への道が開かれたのである。一九五五年にマーカーが亡くなった際、ある新聞の死亡記事は（使われた統計数字はかなり控えめだが）次のように彼の功績を称えた。

ドクター・マーカーは、誰よりも人間社会に大きな影響を与えた人物であるに違いない。彼が考案した合成ホルモン製造技術を用いて現在も生産される経口避妊薬がなかったら、世界の、ことにインドなどの貧しい諸国の人口は、いまよりも数千万人多かっただろうから。

ラッセル・マーカーのクリエイティブな活動を追ってみると、非公式な活動が持つ数多くの利点や、それらがまったく予期しなかった場所へ企業を導く理由が浮かび上がってくる。

非公式な活動を許すゆとり――経口避妊薬の開発

ラッセル・マーカーは、一九〇二年、メリーランド州ヘーガーズタウンの小作人の息子として、一間しかない小さなログキャビンで生まれた。意外なことに、のちに歴史を変える科学発明を成しとげたこの人物は、高校では理科系の授業を一つも受けなかったという。跡を継いでもらいたいという父親の願いとは裏腹に、しかし母親のあと押しを得て、彼はメリーランド大学の化学部に入学する。二年から三年に上がるとき、三年生でとる有機化学は難しいと友人の一人がマーカーに教えた。マーカーは有機化学の教科書を買い、夏休みの間にひと通りの予習をした。彼は有機化学の面白さに目覚め、授業でも、とくに実験でよい成績を収めた。このときから、マーカーの学問的関心は、実験有機化学に向けられた。そのままメリーランド大学で化学の修士号までは修了しているが、のちに発表される論文のための実験を成功のうちに終えたところで、博士課程を退学して大学側を驚かせる。退学のきっかけは、論文の指導教官が、博士号を取得するためには物理化学の単位が必須だから授業を受けるようにと迫ったことだった。マーカーは、すでに独学で物理化学を学んでいたため、教官の言い分を愚かしいと考えたのだ。彼はもう一度正規の授業を受けるのは時間の無駄だと言い張って譲らなかった。すると教官は、博士号をとらなければ、せいぜい尿検査の技師にしかなれないぞと脅したという。

一九二五年六月、マーカーは博士号をとらずにメリーランド大学を退学した。そして、まもなくエチル・ガソリン社に就職する。最初に任された仕事は、エチル・ガソリン社の主力商品アンチノックガソリン添加剤の改良だった。やがて、エンジンのノッキングの原因を突き止めた彼は、ノッキング現象を完全に抑えられる添加剤を開発した。また、化学物質の合成をあれこれ試しながら、ノッキングを抑えることに成功したり、かえって悪化させたりと試行錯誤しているうちに、現在では広く使われているアンチノック性を示す単位、オクタン価を考案した。こうして有機化合物合成に関する彼の非凡な才能は化学業界でも評判になり、数多くの仕事が舞いこむようになった。このころ彼の研究室を訪ねてきた人物の中に、ペンシルバニア州立大学の物理学部と化学部の学部長を兼務していたドクター・フランク・ホイットモアがいた。ホイットモアはマーカーの才能を認め、ペンシルバニア州立大学で研究を続けるよう勧めた。のちにマーカーはこの誘いに応じてペンシルバニア州立大へ移った。やがて、世界で最も権威のある研究機関ロックフェラー医学研究所の化学部門を率いるドクター・フィーバス・ラヴィーンから接触があった。ラヴィーンは、ある複雑な化合物が研究に必要だが、ロックフェラー医学研究所の化学者では力が及ばず、その合成ができないという事情を打ち明けた——私の研究室へ来て、手伝ってはくれまいか。マーカーは承諾し、一九二八年、ニューヨークのロックフェラー医学研究所へ移籍した。

マーカーはロックフェラー医学研究所で成功をおさめた。彼は実験技術をさらに磨き、また勤勉であるという評価はいよいよ高まった（ときには三日三晩、研究室にこもりきりのこともあったという）。移籍後の六年間で、マーカーとラヴィーンは三十六に及ぶ共同論文を発表している。一九三五年、マーカーは動植物界に広く分布するステロイドについての論文に好奇心をそそられた。そして、特定のステロイド——ホルモン——の研究をしてみたいと考え始めたが、実験のためのサンプルは品薄で価格が非常に高く、入手は困難だった。このときマーカーがとくに興味を抱いたのはプロゲステロンというホルモンで、たとえ手に入ったとしても一グラム一〇〇〇ドル以上という高値で、そのため一度に一～三ミリグラムという少量しか使えない。実験以外では、プロゲステロンは主として優秀な競走馬の繁殖力を増す目的で使われていた。プロゲステロンを販売するごく少数の薬品会社はヨーロッパに本拠地を置いており、雄牛の尿から微量のプロゲステロンを抽出するという手法を用いていた。この手法については一つだけ絶対に確かなことがある——全世界の需要を満たす量のプロゲステロンは抽出できないという点だ。

マーカーは、何とかプロゲステロンを人工的に合成し、量産する方法はないものかと考えはじめた。彼はラヴィーンにこの研究を進める許可を求めた。するとラヴィーンは、二つの理由を挙げて却下した。第一に、他の実験にマーカーが必要であること、第二に、ロックフェラー医学研究所内の別の研究室で、世界的に有名な研究者W・A・ジェイコブズがすでにステロイド研究を精力的に行っていること。

マーカーは、もし許可をもらえないのなら研究所を辞めると脅し、結局二人は、ロックフェラー医学研究所長ドクター・サイモン・フレクスナーに仲裁を求めた。話し合いの場は険悪な雰囲気に包まれた。その理由は主に、辞職するといって脅したマーカーをフレクスナーが生意気だと考えて腹を立てたためだった。フレクスナーはデスクを拳で叩いた。ロックフェラー医学研究所で研究ができるのは名誉なことなんだぞ、辞めるのは契約が切れるか、解雇されるときだけだ——激高した所長はそうマーカーを怒鳴りつけた。

だが、マーカーの考えはもちろん違っていた。ロックフェラー医学研究所が人工ホルモン研究を許可しないなら、研究させてくれる別の研究所を探すまでだ。マーカーはペンシルバニア州立大学のホイットモア学部長から誘いがあったことを思い出し、年俸四四〇〇ドルのロックフェラー医学研究所の職を捨て、年俸一八〇〇ドルの特別研究員としてペンシルバニア州立大学へ移る契約を交わして妻をうろたえさせた。彼の特別研究費は、製薬会社のパーク・デイヴィスが負担していた。彼は大恐慌の真っ只中に、ペンシルバニアへ引っ越した。

年収は二六〇〇ドル減少し、そのうえ助手も研究資金も設備も十分ではなかったが、マーカーは自由に人工ホルモンの開発研究ができる環境を手に入れた。ペンシルバニア州立大学での最初の年は、尿検査に明け暮れることになるだろうという博士号論文の教官の予言どおりとなった。動物の尿から微量のホルモンを抽出することにほとんどの時間を費やしたからだ。マーカーの息子、ラッセル・C・マーカーは、ペンシルバニア州立大学での最初の一年間を、次のように語っている。

研究者たちが小さな犬のあとを研究室中追いかけ回し、尿を採取していたのを覚えています。羊や、ありとあらゆる種類の動物から尿を採取していました。尿の匂いをぷんぷんさせて父が帰ってくると、母が怒っていました。母は映画を観に行きたいのに、父はといえば、全身、動物のおしっこの匂いをさせているわけですから。

動物の尿からは十分なホルモンが抽出できないことが判明すると、マーカーは植物に目を向けた。ロックフェラー医学研究所のW・A・ジェイコブズをはじめとする研究者が、野生の植物の根にサポゲニン（多還式化合物。化学的にステロイドに似た構造を持つ）が含まれていると突き止めたことをマーカーは知っていた。当時、多くの化学者がサポゲニンの分子構造を組み替えて合成ホルモンを生成しようと試みては失敗しており、サポゲニンからホルモンを合成するのは不可能だという見方が一般的になっていた。しかし、マーカーは合成は可能だと考えた。それからの四年間、彼は熱心に研究を続け、ときには夜を徹して実験を続けた（息子のラッセルは、この時期のことをよく覚えているという。研究室に父の朝食を届けに行ったことが何度もあったからだ）。四年後、ついにマーカーは、現在「マーカー減成法」として知られる、サルササポゲニン（サポゲニンの一種）をプロゲステロンに転化させる方法を発見した。さらにこの手法を応用して、テストステロンの生成にも成功した。テストステロンは、簡単にエストロゲンに転化できる。あとはサルササポゲニンを豊富に含む植物を発見するだけだ。

マーカーは、それまでと変わらぬ熱意と忍耐をもってサポゲニンを豊富に含有する植物を探した。初めは、ペンシルバニア州立大学の周囲に広がる田園地帯を探して歩いた。だがそこでは見つからなかったため、探す範囲を広げ、新たに雇い入れた植物学者や、ボランティアを申し出た引退した植物学者とともにアメリカ中を旅した。はるか北方のカナダの森にまで足を伸ばしたこともあったという（こういった遠征の資金は、雄牛の尿から抽出したプロゲステロンをパーク・デイヴィスに売って捻出していた）。マーカーは世界中の植物学者と連絡を取り、サポゲニンが含まれる可能性のある植物を送ってくれるよう依頼した。すると日本の研究者から、「ジオスゲニン」という名のサポゲニンのサンプルが送られてきた。このサンプルを調べたマーカーは、このジオスゲニンからプロゲステロンを非常に容易に生成できることを知って驚き、ジオスゲニンを含む植物に絞って調査を継続することを決める。まもなく彼の研究室は、世界中から集まった植物であふれた。のちにマーカーは、この時期に調査した植物はざっと四〇〇種以上、四〇〇キログラムに及んだと語っている。そうした調査の結果、彼はノースカロライナ州で「ベス・ルート（ベスの根）」と呼ばれるユッカ科の植物に目を留める。このベス・ルートはエストロゲンによく似た天然化合物を含有し、一九〇〇年代初めから現在に至るまで生理痛薬として広く使われている、リディア・ピンカム考案の市販薬にも含まれる極秘成分だった。またベス・ルートには、ごく微量のジオスゲニンも含まれていた。

一九三八年から一九四二年にかけ、合成ホルモンの原料となる物質を大量に含み、しかも価格の安い植物を探す調査が続いた。マーカーをはじめとする修士学生や植物学者のチームは、アメリカ全国に自生する、サポゲニンを含む植物の包括的なリストをひたすら作りつづけた。やがてついに突破口が見つかった。ある採取旅行中、テキサス州に住む引退した植物学者宅に一晩滞在し、古い植物の本をぱらぱらとめくっていたときのことだ。マーカーの目は、奇妙な形をした野生のヤムイモ、カベサ・デ・ネグロの写真に釘づけになった。成長すると重さ一一〇キログラムにもなるという巨大な根には、ジオスゲニンが含まれていた。ただし、一つだけ問題があった。そのヤムイモは、メキシコのベラクルス州にあるジャングルの奥深くにしか自生していないのだ。

一九四一年十一月、マーカーはホイットモア学部長に会い、ぜひともメキシコに行ってカベサ・デ・ネグロを探したいと相談した。最初のうち、ホイットモアは何とかしてマーカーに諦めさせようとした。ヨーロッパはすでに戦争状態に入っており（この数週間後、真珠湾攻撃が行われる）、メキシコシティのアメリカ大使館は、メキシコ国内でドイツ支持の気運が高まっていることを理由に、アメリカ市民はメキシコから退去すべしという勧告を出していた。しかし、ロックフェラー医学研究所長の目には見えなかったもの——彼の許可が下りようが下りまいが、結局マーカーは行くだろうということ——を見たホイットモアは根負けし、しぶしぶながらも幸運を祈りつつ（そしてささやかな経済支援とともに）マーカーを送り出した。マーカーは即座に出発したが、まもなく手ぶらで戻ってきた。メキシコ農務省から、植物収集の許可が下りなかったのだ。

申請が認められるまで二カ月間待たされたあと、マーカーは一九四二年一月、ふたたびメキシコに向かったが、またしても不運に見舞われた。マーカーが雇ったメキシコ人植物学者が契約を破棄して帰ってしまったのだ。マーカーがアメリカ人であることを知った、反アメリカ感情を抱く人々に脅されたからだった。あるアメリカ大使館員は、マーカーに対し、メキシコから退去するよう正式な勧告をよこしている。それでもマーカーはそう簡単には諦めようとしなかった。スペイン語がまったく話せないというのに、数日後には反米感情に満ちた国をバスを乗り継いで横切ると、あの古い植物学の本に載っていた、カベサ・デ・ネグロが自生する地域にたどりついた。到着するや、彼は村の商店に入り、店主と話をした。店主はそのヤムイモのことを知っていただけでなく、翌朝もう一度来てくれれば、そのときまでにカベサ・デ・ネグロを二個用意しておこうと言った。アメリカへ戻る旅の途中で、一度は二つとも盗まれてしまったが、マーカーは（警察官に袖の下を渡して）そのうちの一つを取り戻し、どうにか無事にペンシルバニア州立大学まで持ち帰った。研究室に戻ると、カベサ・デ・ネグロの根を切り刻んでジオスゲニンを抽出し、それをプロゲステロンに転化した。

マーカーは次に、根の残りをデトロイトのパーク・デイヴィスへ運び、研究部長と社長のアレクサンダー・レスコウハイヤーの前で、開発したばかりの抽出法を披露した。そして、この方法を使えば、無限のプロゲステロンを生産できると話した。しかし、生産研究所の建設地はカベサ・デ・ネグロが自生している地域——メキシコ——がいいだろうとうっかり口にして、社長の機嫌を損ねてしまった。レスコウハイヤー社長は、その直前にメキシコを旅したときに体調を崩して病院へ行ったが、そこでひどい扱いを受けていたのだ。言うまでもなく、彼はメキシコという国に対して良い印象を抱いていなかった。レスコウハイヤーには、あのような後進国で近代的な製薬工場がうまく運営できるとはとても信じられなかった。彼は、マーカーの開発した製法の特許申請を拒否し、マーカーの次の要請も却下した。パーク・デイヴィスがメキシコシティ郊外に建設したばかりの包装工場のごく一部を使って、プロゲステロン生産施設を作りたいという提案を。パーク・デイヴィスはまったく関心がない、とレスコウハイヤーはマーカーに告げた。その後まもなくマーカーがパーク・デイヴィスと縁を切ったことと、マーカーが差し出したこの大きなチャンスをレスコウハイヤーがはねつけたこととは、無関係ではないだろう。マーカーは一九四二年の残りと一九四三年を費やして、他の大手製薬会社を訪ね歩き、商業的に大きな可能性を秘めた彼の製法を売りこもうとしたが、失敗に終わった。プロゲステロンは自分が普及させるしかない——マーカーはそう考えるようになった。

一九四三年九月、マーカーはペンシルバニア州立大学を辞め、貯金をすべて引き出すと、メキシコシティへ出発した。メキシコの製薬会社にも売り込んでは断られつづけ、もう諦めようかと思いはじめたころのこと、彼は何げなく電話帳を手にとり、ぱらぱらとめくりはじめた。そこでラボラトリオ・ホルモンS・A（ホルモン研究所）という名前を見つけ、望みを抱く。さっそく電話をかけると、一度訪ねてこないかと誘われた。そこで応対に出てきた生産部長フェデリコ・リーマンは、その年、メキシコで過ごしたわずかな期間に、資金もなく、十分な設備もないまま、マーカーが三キログラムのプロゲステロンを生産したことを耳にして仰天した。当時、プロゲステロンは一グラム五〇ドルだったから、マーカーは十五万ドル相当を生産していたことになる。リーマンはマーカーの製法の商業的価値を即座に見抜き、一九二八年にハンガリーから移民してきたラボラトリオ・ホルモンのオーナー、エメリック・ソムロに連絡した。ソムロもすぐに、マーカーの製法の価値を認めた。ラボラトリオ・ホルモンにはプロゲステロンを大量生産する設備が整っており、マーカー、ソムロ、リーマンの三人は、シンテックスという新会社を設立することで合意した。シンテックス（Syntex）とは、合成（Synthesis）とメキシコ（Mexico）からの造語である。シンテックス社は一九四四年三月に設立され、まもなくプロゲステロンの大量生産を開始した。しかし、マーカーの冒険はまだ終わらなかった。

生産開始から一年後、マーカーと二人の共同経営者は、利益の分配と会社の将来計画に関する意見の相違から衝突した。その溝を埋めることができないまま、一九四五年五月、マーカーは四〇％の持ち株をソムロに売り、シンテックスを去った。二カ月後、彼はボタニカーメックスという新会社を設立し、プロゲステロンを低価格で売り出した。当初は一グラム一〇ドル、やがて一グラム五ドルまで価格を下げた。しかし、この新会社の成功を喜ばない者がいたらしい。ボタニカーメックスが採集した大量の根が盗まれ、社員のメキシコ人女性が暴行を受けたあと絞殺され、夜警の一人が銃で撃たれ、さらにヤムイモの根の採取係が殺された。この一連の事件を契機に、ボタニカーメックスは一九四六年三月、プロゲステロン生産を中止し、生産設備とカベサ・デ・ネグロの在庫をヨーロッパの製薬会社に売却した。しかし八カ月という短い期間に、ボタニカーメックスは三〇キログラムを超えるプロゲステロンを生産していた。一方のシンテックスはその後、経口避妊薬を発明し、世界最大の医薬品会社に成長した。ジム・シュラターが一九六五年に指をなめたことからニュートラスイートを開発したあのＧＤサールを含め、大手製薬会社のいくつかはこのシンテックスの子会社である。

その後、ある植物から合成コルチゾンを製造する方法を詳述する二一三番目の論文を発表した直後に、マーカーは化学の世界から完全に引退した。すべてのコネを断ち切り、研究メモまで破棄したという。それから二十年ほど、彼は失踪でもしたかと思われていた。メキシコ人に殺されたとか、精神を病んだという噂も流れた。実際には、彼はメキシコで新しい生活を始めていた。メキシコ人の銀細工師と共同で、十八世紀のフランスやイギリスの銀製の工芸品を復元する仕事をしていたのだ。しかし一九六九年、フェデリコ・リーマンの息子ペドロ・リーマンがマーカーの所在を突き止め、メキシコ化学学会のパーティに特別ゲストとして出席してくれないかと依頼した。当時、リーマンへの返事に、マーカーは次のように書いている。

五年間にわたるメキシコでの生産と研究を終え、一九四九年に化学の世界から引退したとき、私はやるだけのことをやり終えたと考えていました。合成ホルモンを安価に大量生産するための原料を発見し、製造方法を開発し、実際に大量生産を開始しました。公正な価格を保つために、特許権を申請せずに、数多くのライバル会社の設立に力を貸してきました。

それ以来、私は化学の世界にも、コンサルティングの世界にも一度も戻りませんでした。ホルモン製造会社、関連会社の株式もいっさい保有していません。

ラッセル・マーカーの発見は、正式な支援がまったくないといえる状態で行われた。彼は自分のアイデアを正式なプロジェクトと認めて、そこから利益を得る機会を数多くの組織に提供した。ロックフェラー医学研究所、パーク・デイヴィス製薬会社、当時のアメリカおよびメキシコの大手製薬会社、そしてペンシルバニア州立大学にも。しかしそのどれもが彼の申し出を拒絶した。だが、支援が得られなくてもマーカーは諦めなかった。

温かく見守る

企業は、正式なプロジェクトとしてはその一部しか認められない結果になっても、数多くの非公式な活動が行われるよう常に奨励しつづけるべきである。非公式な活動を認めるゆとりを持てば、予期せぬクリエイティビティが芽を出す可能性は飛躍的に大きくなる。しかし、非公式な活動を肯定するだけでは足りない。我々は、実現させるには相当の資金を必要としたり、リスクを伴う予期せぬクリエイティブな活動をいくつも調査したが、そのほぼすべてにおいて、非公式の活動から正式なプロジェクトに移行するには困難が伴った——とはいえ、マーカーの場合ほど、苦難に満ちた運命をたどったものはなかったが。多くのケースでは、簡単に格上げされるどころか、過渡期に猛烈な反対に遭い、かろうじて正式なプロジェクトとして承認されるという経緯が見られた。しかし、どのアイデアをいつ正式なプロジェクトとして認めるかという判断は難しい問題ともなりうる反面、活動が過渡期に差しかかったときによりよい判断をするために企業に可能なことはある。

この過渡期が企業の中でどのように訪れるかを明らかにするために、また別の事例を見てみることにしよう。この事例は、相当な反対に遭いながらも、無事に、しかも完璧なタイミングで非公式の活動から公式のプロジェクトへの移行を果たした。そして、ヒューレット・パッカード（HP）の歴史上、最大の売上を誇る製品を生み出した。インクジェット・プリンタである。一九八四年にインクジェット・プリンタが売り出されたころ、低価格プリンタといえばドット・マトリックス方式が一般的で、日本のメーカーが高いシェアを独占していた。決して低価格製品で名の知られた存在ではなかったHP（HPのイニシャルは高価格（ハイ・プライス）の頭文字というジョークさえあった）は、当時、低価格プリンタ市場にはまだ参入していなかった。しかしそれから十三年後の一九九七年現在、HPは低価格プリンタ市場で五〇％のシェアを誇る最大手に成長した。いや、それどころか、HPのインクジェット関連ビジネスは大きく成長し、もしこの部署が別会社だったら、おそらくはフォーチュン誌が選出するトップ五〇〇社にランキングされていたことだろう。しかし、これほどの成功をおさめていても、このインクジェット・プリンタの誕生の経緯が地味なものだったこと——芽生えたばかりのそのアイデアがあやうく葬り去られそうになった事実を知る人は、HP社内にもほとんどいない。

高価格（ハイ・プライス）とは言わせない——HPのインクジェット・プリンタ

一九七八年のクリスマス・イブ、カリフォルニア州にあるHPのパロ・アルト研究所で、研究者たちがコーヒーを飲みながら何げない会話を交わしていた。パロ・アルト研究所の技術者ジョン・ヴォートとデイヴ・ドナルド、それにアイダホ州ボイシにあるHP支社の技術者数人は、新しいレーザー・プリンタ用エンジンの設計を完了したばかりだった。これは、当時としては高解像度の一八〇ｄｐｉを実現する初の機種だった。技術者たちは廊下でコーヒーをすすりながら、望みどおりのものを何でも実現できるとすれば、どんなプリンタがほしいかと話しはじめた。少なくとも二〇〇dpiの高解像度カラープリンタがほしい、というのが全員の一致した意見だった。実はこのころ、微細なインクの粒を紙に吹きつける装置はすでに存在していた。ただ、その装置はインクが一面に飛び散り、信頼性が低く、しかも不経済という悪名高き代物だった。

極細のチューブを通してインクの流れをコントロールするプリンタの概念は、実は一世紀も前に考え出されていた。一八六四年、ケルヴィン男爵は、静電気を利用してインクの粒の噴射をコントロールする記録装置を開発している。それから一〇〇年後、インクジェット方式がふたたび注目されることになった。スタンフォード大学のリチャード・スイートが、インクの噴射のオン・オフを高速に繰り返し（一秒十万回以上）ながら、静電気を利用してその一粒一粒をしかるべき位置に吹きつけるという、ケルヴィン男爵が開発したのと同じ原理を採用した高周波記録装置を考案したのだ。このスイートの原理を使ったプリンタをＩＢＭが製品化したが、操作が難しく、またメンテナンスに手がかかったことから、研究施設などでの需要を除いてほとんど売れないまま終わった。

一九七八年のクリスマス休暇の間に、ジョン・ヴォートは、コーヒーを飲みながら交わした何げない会話で浮上した実用に耐えるインクジェット・プリンタは、どうしたら実現できるだろうかと考えはじめた。ヴォートとドナルドが配属されていたプロジェクトは行き詰まりを見せていたので、新年が明けると、二人は個人的にインクジェット・プリンタ開発に取り組みはじめた。二人の熱意は高まるばかりで、気づくと、本来の仕事ではなく、新しいプロジェクトにかかりきりになっていた。当初のうちは、他の技術者が通ってきた道をたどっていた――電圧をかけて活性化した物質を使ってインクが入った毛細血管ほどのチューブを絞り、紙の上にインクを吹き付ける方法を試したのだ。

しかし何週間も経たないうちにこの電圧方式には限界があることが明らかになり、二人は何か別の方法を探さなくてはならないと考えた。コーヒーのパーコレーターの原理に思い当たったヴォートは、新しいインクジェット・プリンタ技術開発への最初の突破口となる提案をした――インクを温めてみたらどうだろう？　まずインクに電流を通し、インク自体の電気抵抗を利用して温めるという方法を実験した。二本の電極がついた簡単な装置を作って電流を通してみると、確かにインクは温まったが、チューブの先端からインクの粒は噴射されない。インクの電気抵抗率は思ったよりも高く、インクの粒を高速に作るのには不向きだとわかった。そのうえ、水素や酸素の泡が電極の周囲に発生し、電極がすぐに劣化してしまう。そこでヴォートとドナルドは、次に、この泡をうまく利用できないかと考えはじめた。電極の間に小さな火花を散らせることで、その周囲にできる爆発性の混合ガスを発火させようというのだ。これはうまくいったが、一秒間に二〇〇〇粒という速度でノズルの先にインクの粒を作る方法が思い浮かばない。

ヴォートとドナルドは二人とも、この研究を続けていた一九七九年前半の思い出を懐かしそうに語ってくれた。その当時、二人は大いに楽しんでいた。まるで遊びに夢中になった子供のように、熱意にまかせて次から次へといろいろな実験をした。インクの粒を高速に作りながらも電極の腐食を抑えられる方法を探しつづけたが、あいにく見つからない。やがてヴォートが、パーコレーターの原理をふたたび思い出し、電極はやめて、電気抵抗体を使ってインクを温めてみようと提案した。これが二つ目の突破口となった。小さな抵抗体をチューブの端につけ、電流を高速にオン・オフさせてみると、インクの小爆発とでも呼ぶべき現象を起こすことに成功したのだ。

ヴォートとドナルドは、インクを紙に吹きつけるまったく新しい方法を発見したのだ。チューブから絞り出すのではなく、インクを爆発させて噴出させる。この方法は高速で、しかもインクがやたらに飛び散ることもなかった。とはいえ、いくら成功をおさめても、なぜその原理ならうまくいくのか、長い間、二人にはわからなかった。いや、HP社内の誰にも理解できなかった。このことも一因となって、インクジェット・プリンタのアイデアは社内の抵抗に遭う。ヴォートもドナルドも、これ以降、インクジェット・プリンタ開発に喜びを感じなくなった。やがて事態が好転するまで、その逆境は続いた。

最大の問題点は、ヴォートとドナルドの実験は二人の能力の及ばぬところへ、いや、周囲の誰の能力も及ばぬところへ二人を導いてしまい、その現象の根本的な仕組みを説明できなかった点にあった。さらに、職場の雰囲気にそぐわないヴォートの経歴も、二人が窮地に立たされた原因の一つだった。彼は大学の学位を持たず、独学でエンジニアになったが、研究所には学歴を重視するカルチャーがあった。そしてヴォートは、常日頃から学歴を持ったエンジニアとはまったく違ったやり方で研究を進めていた。新しい分野の研究を始めるにあたって、その基礎となる関連理論やテクニックが書かれた特許関連書類や論文を読まないまま、とにかく研究に着手する。そういった事情から、他の研究者たちはヴォートの開発した装置を目にするたび、そんなものがうまく動くはずがないと口にしていた。インクジェット・プリンタのアイデアに対しても、当初、それと同じ反応が返ってきた。新しい装置が商業的価値を秘めていることに興奮したヴォートは、話を聞いてくれそうな相手をつかまえては新しい装置を見せた。ところが残念なことに、彼の上司も同僚も、誰一人としてその熱意を共有してくれなかった。内部の仕組みが説明されていなかったため、装置が実際に動いているのを目にした人々でさえ、ほとんどが、こんなものがうまく動くわけがないと言ったという。その言葉にヴォートはこう応えた。「でも、ほら、動いてるじゃないか」結局、新しい装置の原理が説明されるまで、二人はこの奇妙な袋小路を抜け出すことができなかった。

実験優先のアプローチが、それに関わった人々にも周囲の人々にも説明できない現象を引き起こしたという例は、このヴォートとドナルドの事例だけではない。雪印で牛乳の熱伝導率を実験していた堀友繁が、それまで知られていなかった凝固点との関係を発見することになった事例を思い出してほしい。堀に取材した際、彼はこう言っていた。

まずデータ分析を行うことが非常に大切です。それに対する説明や理論はあとで考えればいいのです。

こういった実験優先のアプローチをとる人物と、「理論ありき」のアプローチをとる人物との間に、意見の相違が生じることは避けられない。アメリカの発明黄金時代に活躍した偉大な発明家を研究したトーマス・ヒューズも、次のように述べている。

発明や開発の経験のない科学者は、こういった経験主義的アプローチをしばしば軽蔑した。何かを探求し、試みるということは、すなわち理屈を抜きに仮説を立て、それを実験で確かめることだと知らなかったからである。

HPの研究者が、インクジェット毛細管の中で起きている現象の仕組みを突き止めたのは、かなり時間が経ってからのことだった。液体は、沸点に達しても必ずしも気体に変わるわけではない。急速に熱されると（現在のインクジェット・プリンタはインクの粒を二〇〇万分の一秒で沸点まで熱する）、ほんのわずかな時間、沸点を超えた状態でも液体のまま留まり、次の瞬間、爆発するように気化する。これは沸騰とは別の現象である。たとえば、たっぷり油を引いたフライパンに水を汻ぐと、猛烈な勢いで泡を噴き出し、小さな油の粒（水ではなく）が飛び散ることはご存じだろう。注がれた水が油の表面からフライパンの底へ沈んでいくとき、水の粒は瞬間的に沸点をはるかに超えた温度まで熱される。一瞬、水は液体のまま留まるが、次の瞬間、爆発するように気化し、その勢いが油の粒をフライパンから外へ散らすのだ。本人たちも気づかぬうち、ヴォートとドナルドが開発した装置は、この現象をフライパンの油と水と同様の、だが制御された環境下で再現して、紙の上にインクの微細な粒を吹きつけていたわけである。

しかし一九七九年の時点では、誰もまだこの仕組みを解明しておらず、この新しいテクノロジーに関心を抱く者も誰一人いなかった。しかもその年の五月、ヴォートとドナルドが試作機を完成させたのとちょうど同じころ、ヴォートの上司がインクジェット研究プロジェクトを中止するようヴォートに命じ、彼の意志に反して、ドクター・カンティ・ジャインが開発中のメタル・ヴェイパー・レーザーの設計を手伝うようにと指示した。インクジェットのアイデアに会社が関心を示さないことに意気消沈したドナルドのほうは、このころすでに別のプロジェクトに移っていた。我々がインタビューしたとき、ヴォートは、異動になってからの数カ月間はこれまでの人生で一番辛い時期だったと口にした（彼の妻も当時のことをよく覚えていた）。ジャインと折り合いが悪かったというようなことではない。最後までやり抜きたいと願っていた研究を取り上げられたことが辛かったのだ。新しいインクジェット・テクノロジーは計り知れない可能性を秘めていることはわかっていた。だから、そのアイデアを活かしてくれる部署にその開発が確実に引き継がれるまで見届けたいと願っていた。やがて、にわかに幸運が訪れる。七月の終わりごろ、ジャインがＩＢＭに転職したのだ。メタル・ヴェイパー・レーザーの第一人者が別の会社に移ってしまったため、開発プロジェクトは中断された。ヴォートによれば、もうわずかでもあのプロジェクトが進んでいたら、彼は長期にわたってメタル・ヴェイパー・レーザーの開発に携わることになっていただろうという。

しかし、このとき中断されたおかげでインクジェット・プリンタ開発に向けた非公式の活動に復帰することができ、やがてその新しいテクノロジーが秘める可能性に魅せられたジョン・マイヤーも加わった。マイヤーが携わっていたプロジェクトも、偶然、中断の憂き目に遭っていた。

インクジェット方式に対する抵抗は相変わらず強かったにも関わらず、まもなく状況が一変し、インクジェットは表舞台に躍り出る。HP古参の社員ラリー・ラベアが、ヴォートのアイデアの支持者を増やすべく密かに動いていたのだ。HP研究所では定期的に審査会を行い、十から十五のプロジェクトがその対象となる。あるとき、そういった審査会で、インクジェット方式に得がたい味方が見つかった。バーニー・オリヴァーだ。彼はHPの創業者デビッド・パッカードとビル・ヒューレットのスタンフォード大学時代からの親友で、HP創業直後にHPに入社した。何年かあと、ヒューレットとパッカードはオリヴァーをベル研究所から引き抜き、HPのR＆D部長に据えた。ヴォートとマイヤーは、審査会の席上、支援者を増やしただけでなく、インクジェット・プリンタ開発に向けて多額の資金までをも約束されたのだ。ラベアからあらかじめヴォートのアイデアについて聞かされていたオリヴァーは、ヴォートとマイヤーの説明に熱心に耳を傾け、説明が終わると立ち上がってこう宣言した。「このインクジェットのコンセプトは貴重な知的財産だ。今後は慎重に扱っていこうじゃないか」こうして、コーヒーを飲みながら何げない会話を交わした日から一年半後、ついにインクジェット・プロジェクトは正式なプロジェクトとして承認された。二人の開発者には二十五万ドルの研究費が認められた。これは二人が提示した五倍の金額だった。

た。その他にも二人が得たものがある。審査会のあと、バーニー・オリヴァーは、カリフォルニア工科大学の高温物理学者に接触してみるようジョン・マイヤーに勧め、その結果、インクジェット装置の内部で起きている現象が科学的に説明された。開発資金が増額され、さらに数人の研究者が増員されると、いよいよ開発プロジェクトは完成に向けて急ピッチで活動を開始した。

合成ホルモンが広く普及することだけを目指していたラッセル・マーカーの事例と同様、ジョン・ヴォートもやはり当初から、インクジェット・テクノロジーを製品化できる部署に譲り渡すつもりでいた。企業の研究開発の目的は利益を獲得することであり、アイデアを研究室に閉じ込めておいても一セントにもならないことをヴォートは理解していた。アイデアは、しかるべき部署の手に渡って初めて金銭に変わる。しかしヴォートが自分のアイデアを適当な部署に委ねたいと望んだ理由は、それだけではない。

他人の手に委ねてしまえば、そのことにいつまでもとらわれずに済む。また別の新しいことに着手できる。研究所で働くということは、そういうことだ。失敗したら次のアイデアに取り組むか、あるいは喜んでそのアイデアを引き受けてくれる部署に委ねて別のアイデアに取りかかるか。

新しいテクノロジーは別の部署に引き継がれたが、ジョン・ヴォートはＨＰを退職するまでインクジェット・プリンタから完全に解放されることはなかった。バーニー・オリヴァーの審査の数カ月前、オレゴン州コーヴァリスにあるＨＰの拠点で課長を務めていたフランク・クローティアが、インクジェット装置を見たいといってパロ・アルト研究所を訪れた。この直前、クローティアが携わっていたプロジェクトには突然の中止の命令が下されていた。新しいプロジェクトを探していた彼は、単純な構造のインクジェット装置を目にして興奮する。中断したプロジェクトで働いていた人材は、インクジェット・プリンタを製品化するのにうってつけの知識を持っていた。彼がコーヴァリスに戻り、プロジェクト参画へ向けて動き出したころもまだ、インクジェット装置は研究所の「珍品」だった。

それからの四年間、インクジェット・プリンタ製品化への道に立ちふさがる難問を解決するために、さまざまな部署からのべ数百人もの社員が集まり、精力的に開発に取り組んだ。開発プロジェクトが立ち上がった直後、プロジェクトは重大な決断を迫られた。コーヴァリス・チームが、プリントヘッド・ユニットを取り外し可能な使い捨てのものにしようというアイデアを持ちこんだときのことだ。使い捨て方式にすれば、面倒なインクの充当の問題やプリントヘッドの寿命の問題が一気に解決できる。当初、このアイデアは物笑いの種になったが、次第に支持者を得、やがてこの使い捨てプリントヘッドのアイデアを中心に設計が進められることになる。一九九六年、使い捨て方式のインクジェット・カートリッジの売上高は、世界中で五〇億ドルを超えている。

一九八〇年から一九八四年にかけ、ジョン・ヴォートは不本意ながら、インクジェット・プリンタ開発支援を担当するＨＰ研究所チームに残った。彼とデイヴ・ドナルド（一年間だけプロジェクトに復帰した）は、プリントヘッドを設計し、寿命を検証する仕事を任された。しばらくするとヴォートは、インクジェット・テクノロジーを考案してしまったがために、HPにとどまるかぎり望みのプロジェクトを選んで働くということは二度とできそうもないと悟った。一九八四年三月にHPが最初のインクジェット・プリンタを発売する一月前、ヴォートはHPを退職した。

数年後、インクジェット方式のプリンタが低価格プリンタ市場を独占すると、ヴォートは開発に携わった功績を称えられ、いくつもの賞を授けられた。どの賞（一九九一年度コーサー記念賞、一九九一年度ヨハン・グーテンベルク賞、一九九五年エドウィン・H・ランド賞）も、ヴォートより十八カ月ほど早く、キヤノンで同じ方式のインクジェット装置を開発していた遠藤一郎との共同受賞だった。HP側は知らなかったが、キヤノンの研究者チームは、サーマル・インクジェット・テクノロジー（キヤノンではバブル・ジェット方式と呼んでいる）の開発を一九七七年夏から開始していた。キヤノンでの開発は、HPの開発とは違ったやり方で行われた。ヴォートがHPでインクジェット方式の開発に取り組みはじめるほぼ二年前、キヤノンは四十名ほどの研究者を集め、伝統的なゼログラフィー方式のプリンタから脱却するための新しい方式の開発を命じた。遠藤はインクジェット方式を研究するグループに割り当てられ、既存のインクジェット・テクノロジーを片端から試しはじめた。

ある日、幸運な事件が起きる。小袋に入ったインクを旧式のインクジェット・プリンタに補充していた人物が、インクを取り分けたスポイトを作業台の上に置きっぱなしにした。スポイトの隣には、熱したはんだごてがたまたま置かれていた。立ててあったはんだごてがどういうわけか倒れ、その先端がスポイトの根本にほんの一瞬触れた。遠藤は偶然その瞬間を目にし、少量のインクがスポイトの先から噴出したのに気づいた。彼はこの一件にいたく興味をそそられ、その現象を再現し、ハイスピード・カメラを使ってその様子を逐一記録した。そこからの展開は速かった。三日と経たぬうち、遠藤のグループは簡単な試作機を完成させていた。四年後の一九八一年九月、HPは自社こそ草分けと自負していた同じ技術を、キヤノンが先に開発していたことを知って衝撃を受ける。しかし、何度か会議を重ねたあと、HPとキヤノンはこの新しいテクノロジーの開発を共同で行うことを決定した。一九九七年、一一〇億ドル市場に成長したインクジェット・プリンタ市場を、この二社はほぼ独占している——どちらも計画して開発したのではない新しいテクノロジーが生かされた市場を。

非公式な活動のエッセンス

プロローグで述べた日本能率協会の調査でも、予期せぬクリエイティブな活動に結びつく非公式な活動の重要性が際立っていた。クリエイティビティを認められ、賞を授けられたプロジェクトと、商業的には成功をおさめたが、とくにクリエイティブとは呼べないプロジェクトを比較した調査のことを思い出してほしい。賞をもらったプロジェクトの方が自主性が強く、とくにクリエイティブとは呼べないプロジェクトは経営陣から命じられて始まった例の方がはるかに多いことはすでに指摘した。しかしこの二種類のプロジェクトには、もう一つ、大きな違いがある――非公式のプロジェクトだった期間の長さである。賞を勝ち取ったプロジェクトは、平均十三カ月。あまりクリエイティブではない方のプロジェクトと比較すると、ざっと六〇%長い。コーポレート・クリエイティビティの育成に非公式な活動が重要な役割を演じていることは明らかだ。以下に、非公式な活動がもたらすその他の利点を挙げてみよう。

非公式ゆえの聖域

どんな組織であれ、既存の業務の最大限の活用と、新たなビジネス・チャンスの開拓のバランスを適正に保つことを目指すべきである。残念ながら、この天秤は「活用」の方に傾いていることが多い。新しいアイデアはとかく組織内の反対に遭いがちだからだ。また、一つのアイデアが正式な承認を得られるかどうかの瀬戸際まで到達すると、それに対する組織内の反感が一気に高まる危険が常に存在する。しかしそこに達する以前には、たとえそれが既存の考え方や業務内容に真っ向から対立するものであっても、非公式な活動は組織にとって大きな脅威とはならず、したがって反感を抱かれずにすむ場合が多い。非公式な活動という「聖域」にある間、アイデアは、単なるぼんやりとした展望から、可能性を秘めていることが明白な何かへと成長するチャンスを与えられているのだ。

雪印の堀が開発した、既存の製造法とは対極にあるチーズ製造法について振り返ってみよう。まだ開発段階にも達していないアイデアを初めて堀から打ち明けられた上司は、世界中どこでも何世紀にもわたって同じ製法でチーズを作り続けてきたのだからと言い、堀に開発を諦めさせようとした。もしどこかの時点で、堀のアイデアを正式なプロジェクトとして研究してみようと雪印が宣言していたら、チーズ製造の熟練工をはじめとする社内の猛烈な反対に遭って、プロジェクトはつぶれていたかもしれない。しかし、実際には数年間にわたって非公式なプロジェクトであり続けたがために、堀はアイデアを論文として発表し、それが国際的に認められ、アイデアをさらに発展させることが可能になった。さらに、じっくりと取り組んだおかげで、彼のプロジェクトは正式プロジェクトに無事に移行できるだけの力を蓄えておくことができた。アイデアを追究するよう積極的に奨励されることはなかったものの、会社が堀の非公式な活動を忍耐強く見守っていたおかげで、堀は、プロジェクトを自分の足で立ち上がれるところまで育てるゆとりを持つことができた。

ヴォートとドナルドのインクジェット装置のアイデアは、HP研究所のある同僚によれば「どんな企業でも免疫機能が働いて除去するだろうと思うような奇抜なアイデア」だった。当然ながら、上司はそのアイデアを奇妙だと考え、そんなものの研究はやめろと指示している。しかし、一年間にわたって非公式な活動を続けた結果、経営陣の目に留まるほどの力をつけたのだ。ここまでに紹介したクリエイティブな活動のいくつかにおいて、非公式な活動がアイデアを経営陣から守る役割を果たしたことにぜひ注目していただきたい。たとえば、ドレクセル大学の工学部長が営利目的であることを理由にバーコードの開発は大学の研究対象としては不適切だと判断したにもかかわらず、部下である二人の講師がその開発に取り組むことができたのは、それが非公式な活動だったからである。

期待以上のものを引き出す

会社が社員に求められるものには限度がある。だが、社員一人ひとりは、それよりもはるかに多くのものを自分に求めることができる。クリエイティビティ、ことに予期せぬクリエイティビティは、しばしば並外れた献身と努力を要求する。ラッセル・マーカーに、何日も徹夜して研究をしろとか、あるいは第二次世界大戦の真っ最中にメキシコの奥地にあるジャングルへ行けと命じることができた会社があろうはずはない。自分の抱えた問題に対するマーカーの献身度は、非公式な活動だった期間に跳ね上がり、眠っている以外の時間をすべてそれに注ぎこむほどにまでなった（友人の家に宿泊した際、たまたま手にとった古ぼけた植物学の本が最大の突破口となったことを思い出してほしい）。要するに、非公式な活動は、人があるプロジェクトに注ぐ熱意――人が問題を支配するばかりでなく、問題が人を支配するほど強烈な熱意――に大きな影響を与える場合が多いのだ。

ＧＤサールがまったくの未知の道へと進むきっかけとなったニュートラスイートの開発においては、非公式な活動期間は非常に短かった――ほんの数時間だった。しかし、その数時間に起きた出来事は、不可欠のものだった。まずジム・シュラターが、次にロバート・メイジャーが、彼らの常識からすれば間違いなく人体に害はないと思われたその物質の味見をした。しかし、二人が命の危険にさらされるとは考えられなかったとしても、会社がその物質をなめてみろと命じることはありえなかっただろう。それは認可されていない人体実験を行うに等しい行為なのだから。非公式の状態だったからこそ、シュラターとメイジャーは、聡明にも規則を曲げることができたのだ。

意味のない境界線を飛び越える

コーポレート・クリエイティビティはしばしば、その企業が経験したことも予想したこともない複数のアイデアや知識、それにスキルの組み合わせを要求する。そして、正式なプロジェクトであれば阻害要因となりうる職務上の境界も、非公式な活動には何の影響も及ぼさない。我々が調査したクリエイティブな活動において、非公式な活動期間に職務上の境界をまたいだからこそ実現したアイデアが大部分を占めていたとしても不思議ではない。

雪印の堀友繁は、自分の仕事とは関係ないテーマの講演を聞きに出かけ、熱伝導というアイデアに強い関心を抱いたことをきっかけに、研究室で牛乳を使って実験をはじめた。HPのジョン・ヴォートとデビッド・ドナルドは、機械設計や電子工学の分野から化学の世界へ、そして物理学でも難解な分野へと歩を進めていった。また、JR東日本の保守要員は、谷川岳のトンネル内に滴っていた水を口にし、本来の仕事の範囲を大きく外れた新ビジネスに思いをめぐらせ始めた。

正式なプロジェクトであれば、何らかの目標が与えられるだろうし、目標が設定されたというだけで既存の境界が強められたり、あるいは新たな境界線が設けられることになったりするものだ。HPがインクジェット・プリンタの製品化を目標として設定する時期が早すぎていたら——インクを熱するという、その後の展開に不可欠な洞察がひらめく前に目標を設定したら、どうなっていただろう。その当時、インクジェット方式とは、毛細管からインクの滴を絞り出して吹きつけることを意味していた。もしHPがこのテクノロジーに関連する多数の分野の専門家を集めたプロジェクト・チームを設置していたら、そのチームは、蓄積された豊富な知識を忘れ去り、まったく未知の方式——インクを爆発させるという方式を採用していただろうか。正式なプロジェクトに承認されれば、クリエイティビティを阻む境界線をまたぐのが難しくなるだけのことなのだ。非公式な状態であれば、そういった境界線の多くは、それに目を向ける者の心の中にしか存在しなくなる。

広範囲から情報が集まる

我々が主催したセミナーの休憩時間に出会った、あるアメリカの大手企業の研究者の話は強く印象に残っている。彼は就職してからの二十年間、さまざまな正式プロジェクトに関わってきたが、成功をおさめたものは一つとしてなかったという。残念ながら、こういった体験を持つのは彼一人ではない。企業というものは、どの新規プロジェクトに資金を注ぐべきかという意思決定に絶えず直面するが、判断の際に基準となる情報がすべて揃っているとは限らない。これでは、意思決定に失敗する確率の方が高いのも当然だ。我々は、調査の初期段階で、ある興味深い法則を発見した――正式に承認されたプロジェクトの数に対して非公式な活動の数が極端に少ない企業は誤った意思決定を下しやすく、非公式な活動が常に数多く行われている企業は、より優れた意思決定を下す。

このような結果になる理由は、広範囲にわたる非公式な活動が行われていればいるほど、より多くの情報が入手できるからだと我々は考えている。非公式な活動では、正式プロジェクトに比べて情報収集の範囲が広くなり、数多くのアイデアに取り組むことが可能になる。蓄積されたアイデアの一つ一つに、秘められた有用性が明らかになるまで追究されるチャンスが与えられ、その結果、よりよい意思決定がなされることになるのだ。我々のセミナーに出席した研究者が数多くの非公式なプロジェクトを基盤として抱えているような会社に勤めているとしたら、彼の経歴は大きく変わっていたかもしれない。アイデアの蓄積は、無用の長物であるどころか、蓄積すればするほど、何の結果も生み出さないプロジェクトに資金を注ぎこむ無駄を回避できる可能性が高くなるのだ。

ＨＰの場合、インクジェット・プリンタを大量生産しようという決断がタイムリーに行われ、よい結果をもたらした。ＨＰがこのような優れた決断を下したのは、偶然からではない。他の多くの企業と同様、ＨＰもやはり、常に正式プロジェクトの数よりも多くの非公式プロジェクトを進行させておきたいと望んでいた。ジョン・ヴォートとデビッド・ドナルドのアイデアは、バリー・オリヴァーによる審査の対象とされたプロジェクトのうちの一つにすぎなかった。だが、予算の振り分けを決断したとき、経営陣はあいまいな可能性に投資したわけではなかった。二人の研究者によるそれまでの非公式な研究の結果、インクジェット・プリンタに秘められた可能性をはっきりと思い描くことができたからこそ、予算を割り当てる意思決定を下すことも可能になったのだ。

非公式な活動の重要性に気づいた企業の中には、特定の社員に対し、勤務時間を一定の割合で非公式プロジェクトに割り当てることを奨励する方針を打ち出したところもある。ＨＰでは一〇％、東芝や３Ｍはさらに高くて一五％である。しかし、３Ｍの前会長兼ＣＥＯであるルイス・レーアは、かつてこう指摘したことがある。

所定勤務時間の一五％を自由に使ってよいというこの規定を実際に活用している社員は、ほんの一握りにすぎない。

もしそのような方針を打ち出した真意が非公式な活動を合法化することにあるのだとしたら、滑稽なことといわざるを得ない。文字どおりに解釈すれば、そういった方針は、現実にコーポレート・クリエイティビティが生まれる経緯と何の関連もないことになるからだ。第一に、そういった方針は「先入観を持たない法則」に反することになる。というのは、そのような規定は特定の社員（最も多いのはR&D部門の社員）——アイデアを思いつきそうな社員——に限定して適用されるからだ。本書で紹介したクリエイティブな活動の多くは——たとえばキャシー・ベッツの行為やJR東日本の保守要員の思いつきなど——普通ならばそういった規定の対象外とされそうな社員による非公式な活動がなくては発生しなかったものである。第二に、特定の個人が非公式な活動のための時間をいつ、どれだけ必要とするようになるか、予測することは不可能だからだ。バーコードの開発には三十年かかった。一方、ニュートラスイートの場合は、ほんの二、三時間で事足りた。そのうえ、大きな意義のあるクリエイティブな活動に携わるのは、長いキャリアの中でたった一度だけという人々が大多数を占めるのである。

さらに、非公式の活動の利点の大部分は、個人が自分で時間を作らなければならないからこそ生まれてくる類のものだ。堀があるとき、こんなことを言っていた。「雪印の若手社員の中には、時間のゆとりさえあればもっとクリエイティブになれるのにとこぼす者がいる」と。そういった社員に対して堀は、会社が単に彼らの自由時間を増やすという決定を下すとすれば、それは間違いだと思うと答えたそうだ。彼はこう言い聞かせたのだ。「自分の非公式プロジェクトのための時間は自分で作れ」と。時間を与えてもらったところで、必ずしもよりクリエイティブになれるわけではないと。まさにその通りだろう。会社レベルで非公式プロジェクトを奨励するだけでは十分ではない。本当に必要なのは、個々の社員がその必要性を認識したとき、すぐに始められる環境なのである。

非公式な活動を促すには

非公式の活動を許すゆとりが組織になければ、クリエイティブな活動もまず発生しないだろう。では、非公式な活動を促すために、企業は何をするべきか。次の四つのことが挙げられる。

❶非公式な活動を「合法化」し、奨励する

正式な支援がなくてもプロジェクトを押し進められるのは、よほど意志の強い社員だけである。そう考えると、公式プロジェクトが非公式なものを締め出してしまうことのないよう、企業が非公

式な活動を合法化することが大切だ。社員が非公式な活動にどれだけの時間を割くべきか、パーセンテージで定めた規則は、まさにそれを目的として定められたものである。3Mの経営陣の一人に、何を根拠に一五％と定めたのかと尋ねたことがある。彼の返事はこうだった。あまりにも低いパーセンテージにすれば（たとえば五％）、非公式プロジェクトは関心を払うほどの価値がないと公言したも同然だ。一方、あまり高い数字を打ち出せば（たとえば二五％）、とたんに非公式プロジェクトは管理の対象になってしまうだろう。この種の「勤務時間の何％を非公式活動に割くべし」という規定を設ける企業は、その数字が何を暗示することになるか、事前に念を入れて熟考するべきである。

だが、「勤務時間の何％」規定を設ける以外にも、非公式な活動を奨励する方針を明確に打ち出す手段はある。HPでは、一〇％規定に加え、昔から、非公式プロジェクトのためであれば研究所の備品を自由に使ってもよいという方針を定めて、必要なものをいつでも使いなさいと研究者たちに奨励している。ジョンソン・コントロールのフォーメック工場では、第三章で紹介した機械の稼働状況を一覧できるボードを開発した事例のように、自発的なプロジェクトがアイデアを実現させるために必要な自由と支援を保証している。アメリカン航空は、改善提案には勤務時間外に取り組むよう奨励しているが、勤務時間内にそれを行っていたとしても、多くの場合、黙認している。企業がどのような形でメッセージを伝えるにしろ、新しくて役に立つ可能性のあることを行うチャンスに恵まれたら、非公式にそれに取り組むことを求めているということを全社員に徹底することが肝要なのだ。

❷非公式な活動が重要であることを認識する

改善やイノベーションのために非公式な活動が重要であることをより多くの社員に知らせるには、さまざまな方法がある。たとえば社員が行ったクリエイティブな活動についての記事を社内報に載せるなら、非公式な活動が貢献したことを強調すべきなのだ。その貢献が見過ごされることがあまりにも多いのは実に残念である。というのは、ほとんどのクリエイティブな活動において、核をなす着想はこの期間に生まれているからだ。日本能率協会の調査を思い出してほしい。クリエイティビティを認められて賞を授与された活動は、とくにクリエイティブとは呼べない活動に比べ、非公式プロジェクトとして進められていた期間が平均六〇%長かった。企業内でのクリエイティブな活動の多くは、非公式の活動なしには起こりえない。このメッセージを社員に伝えることができなければ、個々の社員が非公式な活動のために時間を捻り出すこともないだろうし、管理者にしてもそれは同じことだろう。

❸活動の内容をオープンにする

非公式の活動が秘密裏に行われないようにすることも大切だ。同僚や部下が非公式な活動を行っていることに気づくべきである。

社員が自分の周囲で非公式な活動が進行中であることを意識すれば、それが合法化されるだけでなく、芽生えたばかりのクリエイティブな活動について知った別の社員がその活動に力を貸すこともできるかもしれないからだ。HPパロ・アルト研究所長バーニー・オリヴァーは、ヴォートとマイヤーにカリフォルニア工科大学の物理学者を紹介することを通じて、インクジェット・プリンタのアイデアの発展に重要な役割を果たした。ヴォートとマイヤーはカリフォルニア工科大学に連絡をとった結果、自分たちがそれまで耳にしたこともない現象を扱っていたことを知ったのだから。

反面、経営陣が非公式プロジェクトが行われていると知ったことで、かえってプロジェクトが危険にさらされる場合もある。熱意に駆られた上司が、優れたアイデアがまだ熟成していない段階で公式プロジェクトに格上げしたいという衝動に負ける可能性も否定できないからだ。ラッセル・マーカーが、ノースカロライナ州産の「ベス・ルート」で最初の小さな成功をおさめた時点でパーク・デイヴィスの社長にそのアイデアを打ち明けていたら、そして社長が即座に潤沢な資金をマーカーに渡すことを承認し、ノースカロライナ州にプロゲステロンの生産工場を建設して「ベス・ルート」を買い占めるよう指示していたとしたら、経口避妊薬は果たして発明されただろうか。

❹より多くの非公式プロジェクトを抱える

理想を言えば、企業は公式プロジェクトとして支援できる数よりもはるかに多くの非公式プロジェクトを常に抱えるべきだ。さらに、どの活動に正式な支援を与えるかによって会社の将来が決定されることを知るべきである。誤った判断を下せばビジネス・チャンスを逃し、そのうえ会社の資金を無駄に失うことになるからだ。開発に多くの資金を必要とし、大きなリスクを背負い、あるいは発案者単独では実現がおぼつかないようなアイデアは、複数の機会に、複数の人々によって、さまざまな観点から、個別に検討されるべきである。上司の支援が得られなかったためにインクジェット・プリンタのアイデアがあやうく葬り去られそうになったHPの事例を思い出してほしい。幸運なことに、他の人々がそのアイデアを再発見し、正式プロジェクトとして承認されることになった。しかし、パーク・デイヴィスの場合、事態はよい方へは展開しなかった。ラッセル・マーカーが提案したメキシコ国内での合成ホルモン製造のアイデアは、パーク・デイヴィスではただ一度のチャンスしか与えられなかった。メキシコへ一度だけ旅行した際の悪い印象を拭いきれなかった社長自身が即座にそのアイデアを却下し、他の社員がそのアイデアを本格的に検討する余地すら残さなかったからだ。ただ一人の人物が、あるアイデアのあらゆる可能性を見抜けるとは思えない。複数の人物が検討することがどうしても不可欠だ。そういった検討にかかる余分のコストは、開始される前から失敗を運命づけられたプロジェクトに多額の資金が無駄に費やされることを思えば、安いものであろう。

第7章
④ セレンディピティを誘発する——偶然を洞察する
Serendipity

発見しようと意図してなされた発見は、
どれもこの定義には該当しない。

ホーレス・ウォールポール

セレンディピティとクリエイティビティ

「セレンディピティ」という言葉は英語ではよく使われる単語だが、その由来や本来の意味まで知っている人はほとんどいないだろう。この言葉を初めて英語に取り入れたのはホーレス・ウォールポールで、一七五四年のことだった。以来、この言葉はすっかり英語の一部となっているが、その意味の重要な一部分は失われてしまった。今日では、久しく会っていなかった人と通りで偶然出会うといったように、予期せぬ出来事が幸運につながったとき、それを「セレンディピティ」と呼ぶが、実はこれは誤用である。この言葉が本来の完全な意味を取り戻して初めて、セレンディピティを獲得するために企業が何をなすべきかが明確になる。この言葉の真の意味と、興味深い由来について論じる前にセレンディピティの事例を見てみることとしよう。

「なんでも溶かす液体」を入れる容器――テフロンの開発

一九三八年、デュポンがコーティング剤テフロンを発明したとき、社内ではこんなジョークが飛び交ったという。

「デュポンがいつか万物融化液を発明するときがあっても、これで容器の心配がなくなった」

テフロンは実に不思議な物質だ。焦げつかず、溶けず、現在知られているどの溶剤にも融解せず、酸などの腐食性の物質にも影響を受けない。電気抵抗が極端に高く、現存する物質のなかで最高の絶縁体であり、ケーブルやテレコム業界で多く用いられるデュポンのドル箱商品だ。

テフロンは、デラウェア州ウィルミントンにあるデュポンのジャクソン研究所で、新しい冷媒の研究開発の際に発見された。この開発に携わった研究員の一人にロイ・プランケットがいた。

ある時期、彼は、あるフロン化合物の生成法を模索していた。そして、フロンの原料となる中間生成物、テトラフルオロエチレン・ガスをおよそ四五〇キログラムほど使った実験が必要になった。彼は助手のジャック・リーボックとともにそのガスの生成にとりかかった。生成されたガスをシリンダーに入れ、ドライアイスで冷やす。シリンダー一本にきっかり一キログラムのテトラフルオロエチレン・ガスが入った。

一九三八年四月六日、実験の準備をしていたリーボックは、使いかけのガスが入ったシリンダーを一本、実験装置に取りつけた。しかし、バルブをいくらひねっても何も出てこない。驚いたリーボックはちょっと見てほしいと、プランケットを呼んだ。ガスを使い切っていないことで、はじめはバルブの不調が原因だろうと考えた。故障したか、詰まってしまったか。しばらくバルブをいじったあと、ついにはバルブを全開にして針金をシリンダーの中に差し込んでみたりもした。それでもガスは出てこない。

プランケットは好奇心をそそられた。シリンダーの重さからいって空でないことはわかる。だが、中身が何であるにしろ、テトラフルオロエチレン・ガスでないことだけは確実だった。プランケットはバルブを取り外し、シリンダーを逆さまにしてみた。すると光沢のある白い粉が出てきた。シリンダーの口から針金を入れ、中のものをかき出した。さらに白い粉が出てきた。それでも、重さから判断するに、まだ中に何か残っている。いよいよ好奇心をそそられたプランケットはシリンダーごと機械工場に持っていき、のこぎりで切断した。

シリンダーを二つに開いてみると、先ほどと同じ白い粉が底にも側面にもびっしりとこびりついていた。プランケットは即座に悟った――テトラフルオロエチレンが自然に重合したのだ。気体が重合すると分子同士が結びついて無限の鎖を作り、切り離せなくなる。

当時、テトラフルオロエチレンは重合しない物質と考えられていた。ところが、このときプランケットはテトラフルオロエチレンが重合する物質であることだけでなく、自然に重合する物質であることを図らずも証明して見せたのだ。理由は二つ、その時点まで誰も考えていなかった要因だった。タンクの内部が高圧になっていたこと、金属製のシリンダーの内壁が触媒として作用したこと。

一九四四年に商品名「テフロン」と命名されたポリテトラフルオロエチレンの製造には、高圧力をかける工程が必要で危険度も高く、製造が困難であるだけでなく使い道を探すことさえ苦労するほど扱いづらい物質だった。

テフロンの発見から用途を開発するまでにはかなりの時間がかかった。だがついに一九四五年、テフロンの将来を変える人物がデュポンに入社する。ウィルバート・L・ゴアである。

入社してから十年ほどの間、彼はテフロンを活かした実用的な製品を開発するプロジェクト・チームで働いた。しかし、別のチームが熱可塑性(かそ)テフロン★を開発すると、ゴアの言葉を借りれば「デュポンはそれで満足し、我々のプロジェクト・チームを解散した」のだ。しかしゴアは、テフロンにはテフロンならではの用途があるはずだと信じ、暇を見つけては自宅の地下室で実験を続けていた。

息子の一言

一九五七年秋、プランケットがテフロンを発見してから二十年が過ぎたころ、当時、デラウェア大学の化学工学部に在学中だったゴアの息子、ボブが地下室に下りてみると、父親はがっくりと肩を落としていた。テフロンが絶縁体として最適だと熟知していたゴアは、ワイヤーをテフロンコーティングしようとあれこれ試していたのだが、失敗続きだったのだ。ゴアは気落ちした様子で失敗作を息子に見せた。そのとき、息子のボブは、テフロン加工を施された防水テープに目を留めた。彼は父親にこう尋ねた。

「テフロンでワイヤーをコーティングするんじゃなくて、テープを二枚使ってワイヤーをサンドイッチしたらどう?」

そう言い残してボブは部屋に戻り、ベッドに入った。

★　機械による加工が可能なテフロン

朝四時ごろ、興奮に顔を輝かせた父親がボブを揺り起こした。ボブのアイデアがうまくいったのだ！「サンドイッチ方式」を使い、親子は精巧なリボン・ケーブル★を製作した。

それからの数カ月間、ゴアはデュポンの経営陣にかけあい、ケーブル市場に参入するよう口説いたが、会社側の方針は揺るがなかった。テフロン製品を製造する設備はあるが、デュポンは原料を提供する会社であり、消費者向けの製品を製造すればクライアント企業と競合することになってしまう、というのだ。そこでゴアは独立してケーブル製造会社を設立し、テフロンをデュポンから購入する許可を求めた。デュポンは喜んで許可した。

こうして一九五八年一月一日、自宅を抵当に入れ、四〇〇〇ドルの貯金をはたいて、ウィリアムと妻のヴィーヴは新会社W・L・ゴア&アソシエーツを設立した。当初は自宅地下室で、テフロンの絶縁加工を施したリボン・ケーブルを製造していた。しかし、その後の二十年間で会社は急成長を遂げ、テフロンを使った様々な製品を生産するようになった。中でもよく知られた製品は、一九七三年に販売を開始した「ゴアテックス」だろう。今日、テフロンの被膜を張って防水加工を施した生地ゴアテックスは、スポーツウェアやアウトドアウェアに広く使われている。

一九八六年にウィルバート・ゴアが亡くなったとき、彼が興した会社は年商三億ドルを誇り、アメリカ、日本、インド、そしてヨーロッパに工場を持っていた。このすべてが、一九三八年のロイ・プランケットのセレンディピティから始まったことなのだ。

★　現在パソコンなどに使われているリボン状のケーブル

セレンディピティの本来の意味

ウォールポールの造語「セレンディピティ」には長い歴史がある。一五五七年、ベネツィアの出版業者ミケーレ・トラメッツィーノが『セランディープ王の三人の息子の旅行記』★という本を出版した。それから約二〇〇年後、少年ホーレス・ウォールポールが英語に翻訳された『セランディープの三人の王子』を手にした。何年かあとになって、ウォールポールは何か有益なことがひらめくたび、その物語を思い出したという。友人はすでに、ぴったりの名前をつけていた――ソーティーズ・ウォルポーリアニー（ウォールポールの幸運）。

ウォールポールは筆まめな質で、生涯になんと九〇〇〇通を超える手紙を書いている。何にでも関心を持ち、知識が豊富で世事に長け、鋭い観察眼を持った彼の手紙は、イギリス文学や歴史的記録に影響を与えた。

ウォールポールがセレンディピティ（serendipity）という造語を初めて使ったのは、一七五四年に友人に宛ててしたためた長い手紙の冒頭部分でのことだった。彼は、メディチ家の紋章に面白いものを発見したときの様子を次のように書いている。

今回の発見は、「セレンディピティ」としか呼べないようなものだった。この言葉は実に深い

★　クリストフォロ・アルメーノによるペルシャ語からイタリア語への翻訳

意味を持つ言葉で、私に説明する資格があるかどうかは疑問だが、とにかく説明してみよう。この言葉の定義を並べるより、その由来を話したほうが理解しやすいだろう。

昔、あるおとぎ話を読んだ。『セランディープの三人の王子』だ。この物語に登場する王子たちは、旅をしながら次から次へと意外な発見をする。あるときは偶然から、あるときは洞察の鋭さから。たとえば、王子の一人が、道の左側の草は右側のものに比べて貧弱なのにそちらの草だけが食われていたことから、右目が見えないラクダがつい最近この道を通っていったことを発見するといった具合だ。こう言えば、「セレンディピティ」の意味が理解できるだろう?

おとぎ話の舞台となったセランディープとは、現在のスリランカ島（かつてはセイロン島と呼ばれていた）のことで、サンスクリット語のSinhaladvipa（シンハラ族の島）に由来する名前だ。話のなかでは、セランディープの王が三人の王子の能力を試し、外の世界を体験させようと考え、もっともらしい理由を作って王子たちを王国から追放する。追放されて旅に出た王子たちの冒険談が、この物語のテーマだ。

皮肉なことに、ウォールポールは友人に宛てた手紙で、おとぎ話から引用した話の前後関係を一切省き、王子たちの発見が「偶然」の出来事を発端にしていたことにほとんど触れずに、「洞察の鋭さ」を象徴する例を一つだけ挙げたために友人の誤解を招いた。さらに皮肉なことに、この造語が初めて登場してから現在に至るまでの二四〇年間、「セレンディピティ」は、さらに逆転した意味で使われている。『オックスフォード英語大辞典』ではこう定義している。

偶然から、予期せぬ幸運な発見をする能力。

この現代の定義は、ほぼ全面的に「偶然」に重点を置き、ウォールポールの定義したセレンディピティのもう一つの側面である「洞察の鋭さ」を無視した形になっている。そしてこの洞察の鋭さ（Sagacity）という言葉は、ラテン語の名詞 sagacitas（知覚の鋭さ）から派生したもので、ふたたび『オックスフォード英語大辞典』を参照すると、こう定義されている。

鋭い洞察力が備わっていること。真実を見抜く特別な能力をもっていること。特質や目的を推測し目標を達成するための手段を工夫する洞察力や賢明さ。

おとぎ話の魅力の一つは、三人の王子の、洞察の鋭さを大げさに描いていることであり、ウォールポールが手紙のなかで言及したエピソードでは、その洞察の鋭さが遺憾なく発揮されている。このシーンは、おとぎ話のはじめの方で登場する。王子たちが、ラクダを失ったラクダ使いに出会うところだ。

王子たちは、自分たちが通ってきた道をそのラクダも通った証拠をいくつも目にしていた。そこで、あたかもそのラクダを見たかのようなことを言い、ラクダ使いをからかってやろうと考えていた。一番年上の王子が言った。「そのラクダは片目が見えないのではないかね?」真ん中の王子が言った。「歯が一本かけているのではないかね?」そして末っ子の王子が言った。「それに、足を一本ひきずっているのではないかね?」自分のラクダのことをそこまで正確に言い当てられては、三人の王子が本当にラクダを見たのだと信じないわけはない。ラクダ使いは王子たちの助言に従い、王子たちが通ってきた道を二十マイル以上も後戻りしてラクダを探した。だが、ラクダは見つからなかった。

翌日、ラクダ使いは、前日別れた場所の近くで食事中の王子たちを探し出した。そして、よくも嘘をついたなと王子たちを責めた。「僕らの言ったことはみんな当たっているんだから、あんたをからかってるかどうかくらいわかるだろう」一番上の王子はそう言い、そのラクダは片側にはちみつの壺を、もう片側にバターの包みをさげていたとつけ加えた。すると真ん中の王子が口を挟み、ラクダは女性を乗せていたと言った。しかもその女性は妊娠していたと、今度は末っ子の王子が言った。さすがの王子たちもこのときばかりは調子に乗りすぎた。王子たちにとっては災難だが、ラクダ使いは王子たちが自分のラクダを盗んだと思い込んでしまったのだ。ラクダ使いは裁判官に訴え、王子たちは牢獄行きとなった。

王子たちが捕らえられ、有罪になったことは、皇帝の耳にも入った。その国ではちょうど、皇帝の命令で大通りでの盗みや追いはぎを追放する運動が行われていたからだ。王子たちが断固として無罪を主張していることに興味を持った皇帝は、王子たちを呼び、彼らの主張を聞くことにした。しかし皇帝も、王子たちの話は信じ難いものとして三人をふたたび牢屋へ送り返した。ところがそれからまもなく、ラクダ使いは自分のラクダを発見し、あっぱれにも皇帝の前で自分の間違いを認めたのだ。王子たちはすぐに釈放され、皇帝の前に引き立てられた。皇帝は尋ねた。ラクダを見ていないなら、なぜそのラクダについてあれほど正確に知っていたのだ?

以下に、王子たちが最初の三つの推察の根拠を説明した部分を『セランディープの二人の王子』からそのまま引用する。ウォールポールが子供のころ読み、それから何十年と経過したあとも鮮やかに記憶していたシーンだ。この場面は、一番年上の王子の発言から始まる。

「迷子になったラクダは片目が見えないのだろうと考えたのは、片側の草はひどく貧弱なのに食われた跡があり、反対側の草は豊かに繁っていたのに食われた跡がないことに気づいたからでした。そのラクダは、豊かな草のあるほうの目が見えなかったから、そちらのおいしい草を食わずに、反対側に見えた貧弱な草を食ったのだろうと推測したのです」

二番目の王子は言った。「皇帝陛下、歯が一本足りないだろうと考えたのは、ちょうど一本分の歯の隙間から吐き出したとしか思えない大きさの噛み砕かれた草の塊が、道にたくさん転がっていたからです」

末っ子の王子は言った。「皇帝陛下、足をひきずっているだろうと考えたのは、三本の足が歩いた跡と、一本の足を引きずった跡が一緒に残っているのに気づいたからです」

三人の若き王子たちの言葉に大いに感心した皇帝は、三人の知性を高く評価し、三人の望みのものを与えよと命じた。

三人の王子は、ラクダ使いに出会い、冗談のつもりが面倒に巻き込まれ、その結果皇帝の関心を引くという幸運に、偶然出くわしたにもかかわらず、『セランディープの三人の王子』では三人の洞察の鋭さに重きを置いている。自分の発見が可能になったのも主に洞察の鋭さからだとほのめかしたウォールポールも、当然のことながら、セレンディピティを定義するとき、「偶然」よりも「洞察の深さ」に重点を置いたのだ。

偶然は誰にでも起きるものである。しかし、ウォールポールは、手紙に記した一つめの例では「偶然から」という側面をはっきりと示さなかったために友人の誤解を招いたかもしれないが、次に挙げた例ではもっとバランスの取れた書き方をした。

この偶然の洞察（発見しようと意図してなされた発見は、どれもこの定義にはあてはまらないと認めなくてはならないだろう）の例として最も印象的なものの一つは、たまたまクラレンドン大法官宅で食事をとっていたとき、ミセス・ハイドの母君が食卓でミセス・ハイドに敬意を表する様子からヨーク公とミセス・ハイドの結婚を見破った、シャフツベリー卿の例だろう。

偶然を予測する

コーポレート・クリエイティビティの観点からは、一面的な現代版の解釈よりも、ウォールポールの定義した奥行きのある意味でのセレンディピティの方に学ぶところが多い。幸運な偶然は常に、何かに関わる人間と、その人が働いている環境のなかにある何かを結びつける役割を果たす。問題なのは、クリエイティブな活動を吟味する人々が、偶然だけを、あるいは洞察の鋭さだけを過大評価することである。現実には、その二つは互いに依存している。ある偶然が「幸運な偶然」に変わるのは、人間がその偶然に何らかの価値を見出した場合だけなのだから。

おとぎ話の三人の王子は、どんなことに対しても非常に鋭い洞察力を発揮したのだろう。しかし現実の世界では、人が鋭い洞察力を発揮するのは、その人が偶然を「幸運な偶然」に転じることができる領域、つまり専門知識や職歴、生活、気質、関心といったごく限られた領域内でだけである。たとえば、予期せぬ出来事に対してジム・シュラターが鋭い洞察力を発揮したために、その偶然は幸運な偶然に変わった。いや、それは非常に幸運な偶然に変わったのだ。その偶然から、ニュートラスイートが生まれたのだから。

企業が「幸運な偶然」の頻度を向上させるなど、とても無理だと思われるかもしれない。ところが、これから説明するように、実は企業にできることは数多い。偶然の出来事自体、何も魔法のなせる技とは限らないのだ。

テフロン開発の核となった時期に起きた、予期せぬ出来事――シリンダーが予想外に早く空になってしまったと思われたこと――を、ここでもう一度詳しく検証してみよう。

プランケットの発見のあとも数十年が経過するまで、テトラフルオロエチレン・ガスの製造者は、シリンダーに詰めたガスが顧客の手元に到着する前に自然に重合してしまい、対策に手を焼いていた。のちに重合を防止する抑制剤が開発され、ようやくこの問題は解決した。テトラフルオロエチレン・ガスは、圧力をかけると非常に不安定になることで悪名高い気体だった。ガスは重合しやすい性質を持ち、ロイ・プランケットがこれを発見する前にも後にも、何度もその現象は起きていたのだ。プランケットはセレンディピティのもう一つの要素「鋭い洞察力」を、この偶然の出来事に加えたわけだ。

今日では、シリンダーからガスが出ないとわかれば、化学者はまず自然に重合したのだろうと考えるだろう。しかし、テトラフルオロエチレン・ガスは重合しないという一九三八年当時の常識では、それは驚くべき事件だった。

テフロンの例をはじめとして、発見とは、単なる偶然の産物だと思われていることが多い。しかし、ある出来事が偶然の産物だという認識は、その時点での知識や出来事がその人物にとって意外なものだったということを示すにすぎない。偶然の出来事が起きたのは運がよかったからだと考えるならば、幸運な偶然の頻度を高めるための対策はないと結論するしかなくなる。

しかし実は、偶然の出来事とは明確な原因があって起きるものであり、その発生を個別に予想することはできないにしろ、そういった一連の出来事がいつか起きることは予測できるし、そのための計画を事前に立てておくこともできる。

たとえば、大都市の警察署のことを考えてみてほしい。管轄内で多数の市民が自動車を運転している。そこで警察は、いつ、どこで、どのような事故が起きるかを個別に予測することはできないにしても、ある一定の法則に基づいて事故が起きることは予測できる。多くの人々が一つの交通システムの中で自動車を運転している場合に常に作用する、目に見えない現象が事故を引き起こすのだ。そして一つ一つの自動車事故には、明確な原因がある。同じように、職場という環境でも、職員が交互に関わりあい、仕事に携わっていくうちに、思いがけない出来事（できれば幸運な出来事が望ましいが）がいつか起きるはずなのだ。

テトラフルオロエチレン・ガスがシリンダーの中で自然に重合したような、起きるべくして起きる偶然は頻繁に発生するものであるが、その他の偶然な出来事はかなり低い確率でしか起こらない。何日も降りつづく「霧雨」のように、熱意と関心に満ちた人間であっても見逃してしまうほど些細な出来事が連続する、という形で起きる偶然もある。つきつめれば、ロイ・プランケットに起きた偶然もそうだったのだ——シリンダーの中では、長い時間をかけて、ほんのわずかずつ重合が進んでいたのだろうから。

ここからはまた別の幸運な偶然の事例を紹介することにしよう。この事例では、当事者は長年にわたって連続する小さな偶然という霧雨に濡れつづけていたが、ついに雲が割れ、霧雨が豪雨に変わるまで、そのことに気づかなかった。

ニワトリの形見——ケラチナーゼの発見

一九九二年十月「遺伝子工学ニュース」は、ノースカロライナ州立大学の養鶏科学教授ジェイソン・シーが、地球環境に大きな影響を及ぼす可能性のある発見をしたと報じた。アメリカ合衆国だけを見ても、養鶏業界は毎年、一〇〇万トンを超える羽を廃棄し、これといった使い道がないため、その多くはまっすぐに埋立地行きになっていた。シーがケラチン——羽を形成するたんぱく質——の分解方法を発見するまで、家禽（かきん）類から出る羽はゴミ以外のなにものでもないというのが常識だったのだ。しかし、シーの発見によってその常識は覆され、豊富なたんぱく質を含む低価格飼料として再利用する道が開かれた。

生化学者は、ケラチンを加水分解★できる酵素「ケラチナーゼ」の発見を長年夢見ていた。一方、養鶏業界では、酸や蒸気を使って羽を加水分解しようと試みていたが、この方法は、ケラチンに含まれるアミノ酸の大部分を破壊してしまい、飼料として与えても、家畜は七〇%しか消化できないという深刻な欠点を抱えていた。ところが面白いことに、この偉大な発見を成し遂げた当時、シーは、ケラチナーゼは実は以前から存在していたのかもしれないと考えていたという。

シーの発見から十八年前の一九七四年、博士過程を修了したのちも特別研究員としてコーネル大学で研究を続けていた彼は、指導教授だったミルトン・スコットにこう尋ねた。

「なぜ鶏の羽はアミノ酸に分解することができないのでしょう?」

スコット教授は笑った。彼の答えは、当時の多くの科学者の見解と一致していた。

「アミノ酸に分解する方法を探すには、相当な荒技が必要だろうね。たとえば人間を大砲で月に飛ばすような」

人間を大砲で月に飛ばす。その言葉は、それから何年もシーの耳の中で響いていた。その言葉を耳にしていなかったら、彼が偉大な発見を成し遂げることもなかっただろう。

それから十一年後、シーはノースカロライナ州立大学の養鶏科学科で、鶏糞を有用な製品――メタン、飼料に添加する栄養剤、肥料などに転用する方法を研究していた。どれもケラチナーゼ

★ アミノ酸に分解すること

とは一切関係ない研究だ。

その昔、農場といえば家族経営の小規模なものばかりだった時代、農民は家畜の糞を自然の恵みと考えていた。農場に撒けば肥料になったからだ。しかし、大規模な利益追求型の農場が出現すると、糞は頭痛の種に変わった。零細な養鶏場や養豚場でさえ、撒けばその一帯の植物がすべて糞の海に沈んでしまうほど大量の糞が出る。ブタを数千頭、あるいはニワトリを数万羽飼育しているような大規模農場では、毎日何万トンもの糞が出るのだ。そういった糞を撒く土地が不足しているアメリカ以外の国々では、その処理が大問題になっている。実際、世界中の家畜業界で最大の問題といえば、おそらく家畜が出す大量の糞の始末であろう。

当時の処理業者の多くは、人間の出す糞尿の処理工場も含め、好気性細菌、つまり分解処理に酸素を必要とする細菌を使って処理を行っていた。好気性細菌の分解処理は短時間で完了する反面、大量の電力を消費するため、個人農場主には経済的な負担が大きかった。そこでシーのグループでは、嫌気性細菌を使った新たな処理方法の開発に取り組んでいた。嫌気性細菌は、酸素がなくても廃棄物の分解処理が可能で、電力もあまり消費しない。

といっても、嫌気性細菌による分解処理はとくに目新しいものではなく、中国では二十世紀初頭からこの方法が広く利用されていた。しかし、嫌気性細菌の分解処理には時間がかかり、大量の廃棄物の処理には向かないことが明白だった。それでも研究室では、二つの方法で嫌気性細菌の分解速度を向上させることに成功していた。一つは処理温度を通常の三五℃から五〇℃に引き上げること、もう一つは、通常よりも高い温度で活動が活発になる好熱性の細菌で代用することだった。その結果、廃棄物をメタンと炭酸ガスに高速に分解することが可能になり、固形の副産物として飼料、液体の副産物として水耕用の栄養剤が生成されるようになった。

四〇〇〇羽の産卵鶏を飼育しているノースカロライナ州立大学の研究用農場で、この新しい好熱性・嫌気性細菌を使った分解処理法の実験が行われた。養鶏場では、卵や糞を重力を利用して運ぶよう設計されているため、ニワトリのケージは地面より高い位置に置かれている。ニワトリが産んだ卵は、シューターの中を転がり落ち、ベルトコンベアに載る。排泄物は金網張りのケージの底面から床に直接落ち、へら状のスクレーパーが自動的に溝に落としこむ。溝に集まった排泄物を、次はオーガー★が処理槽へと流す。シーの幸運な偶然はこの処理システムで起きた。

しばらく前から、シーと彼の研究グループは「霧雨」のような、小さな興味深い出来事が起きていることに気づいてはいた――ケージの隙間から落ちた羽が、排泄物と一緒になって処理槽に落ちていたのだ。しかし、シーはそれにだいぶ前から気づいていたのに、ある事件が起きるまで深く考えてみようとは思わなかった。その事件とは、一羽のニワトリがケージから逃げ出し、たまたまスクレーパーで溝に落とされ、オーガーに巻きこまれた一件だ。農場の労働者がすくいあげようと試みたが、死んだニワトリはそのまま処理槽に運ばれてしまった。「霧雨」が「土砂降り」に変わったのはこの瞬間だった。ニワトリの死骸が、羽一枚残さず、文字通り跡形もなく消えたのだ！

シーもようやく処理槽の中の何かが羽を分解していることに思い当たり、その何かを探してみ

★　溝の端から端まで伸びたゆっくりと回転する巨大なスクリュー

ようと思い立った。

そこからの展開は速かった。シーは、羽を分解したバクテリアを見つけ出した。バチルス・ライケルフォルミス、PWD1系統。★このバクテリアはどのようにケラチンを分解するのだろうか。酵素を使うのだ──シーの指導教授が、決して発見できないだろうと言った、まさにあのケラチナーゼを使って。

指導教授は忘れ難い言葉で、発見は不可能だと予言した。そのおかげでシーは、十八年の長きにわたってその酵素に好奇心と熱意を抱きつづけたのだ。あのニワトリの死骸の一件が起きるまで、とくにその酵素を見つけようと考えていたわけではないが、その発見につながった洞察力は、彼が抱いていた強い好奇心から生まれたのだ。

研ぎ澄まされた洞察力

セレンディピティは、ロイ・プランケットやジェイソン・シーを予想もしなかった方角へと導いたが、それはまた、特定の問題を抱えた人物をも救うことがある。人が問題にのめりこめばのめりこむほど、洞察力は鋭さを増す。その問題をありとあらゆる角度から検討するプロセス、壁に

★ Poultry Waste Digester の略。家禽類排泄物分解

ぶつかり、後へも先へも進めなくなるプロセス、常にそのことを考えているプロセス――そういったプロセスすべてが、その人物の感覚を問題の領域内においてのみ研ぎ澄まし、誰も目も留めないような出来事に重要性を見出すまでに冴えわたらせるのだ。

また、ある現象を長期間にわたって掘り下げれば掘り下げるほど、その現象との関わりからセレンディピティが生まれる確率は高まっていく。そういった場合、幸運な偶然は、まったく新しい活動を始めるきっかけを与えるというよりも、それまでとは違った解決の方法を指さして教えてくれる。

よく挙げられる事例に、チャールズ・グッドイヤーの例がある。彼もまた二十年間にわたって、実用性の高いゴムの形状を求めて悩み続けたが、熱いストーブの上にゴムと硫黄の混合液をうっかりこぼしたとき、「加硫処理」という解答が浮かんだのだった。その瞬間の彼はおそらく、その見るに堪えない光景の意味を見抜くことができた世界でただ一人の人物だっただろう。彼が二十年という驚くべき長い歳月を研究に捧げていたことを考えると、そのような意地の悪い偶然は、そもそも世界中で彼ひとりにしか起こらなかったことであったに違いない。

さて、幸運な偶然が既存の問題に新しい光明を見出したもう一つの例として、デュポンの事例を紹介しよう。この事例を知る人はそう多くないだろうが、我々がみな日常的に使っている製品の改良版が登場するきっかけになった事件である。

ナイロンを使った最初の大量生産品は靴下やストッキングであるというのが通説だ。しかしそれは違う。ナイロンが初めて使われたのは、歯ブラシの毛としてである。

一九三六年当時、歯ブラシ（十五世紀後半の中国で発明されたものとは若干違った形状をしていた）は、現在の歯ブラシと変わらなかった——ある一点を除いて。当時の歯ブラシの毛は、中国やシベリアで特別に飼育されたブタの毛を使っていた。一九三四年五月にウォーレンス・カロザースがナイロンを開発したとき、この初の実用的化学繊維の利用方法として、デュポンは即座に歯ブラシの毛を選んだ。しかし結果的に、カロザースはこの計画には参加せず、それどころかデュポンではそれ以上の功績を残さずに終わった。ナイロンの開発という歴史的な発見から二年後、彼はひどい鬱病にかかり、精神科医の治療を要するまでになってしまったのだ。そして一九三六年の夏、彼は自殺未遂事件を起こす。

一方、一九三六年、デュポンは、カロザースとともにポリマーのX線解析技術の開発にあたらせようと、イリノイ大学で博士号を取得したばかりのアラン・スミスを雇い入れた。しかしスミスが入社してみると、カロザースはヨーロッパで療養中だった。彼の復帰を待つ間、スミスは、直径の大きいナイロン糸の開発を任された。

すでに、ゆっくり動くベルトの上にナイロンを押し出して加工する、という方法は考えられていた。しかし、時間がかかりすぎるうえ、粘りが強すぎて扱いにくく、製造コストもかさむ超高分子化合物が必要だった。最初の数カ月間、スミスは他の研究者とともにこの方法で開発を試みたが、失敗の連続だった。

遅くまで研究室に居残っていたある晩のこと、彼は加圧器に入ったナイロンのサンプルを捨てようとごみ箱を探したが、一つも見あたらない。ようやく部屋の隅に置かれたバケツを見つけ、加圧器を持ってそのバケツに近づいた。

バケツには水が入っていた。中身をそこへ空けたとき、水に落ちた液体ポリマーが一瞬のうちに凝結し、細い糸となって絡まりあうのが見えた。スミスはバケツの中に手を入れ、その糸の一部を取り出しし、手でつかんで引っ張った。引っ張ってみたのは当然のことで、鉄を叩いて延ばすように、ナイロンを長い糸にするには引っ張るしかないからだ。するとナイロンけ伸び、細長い糸になったのだ。

いつもと違う場所にサンプルを捨て、その結果を注意深く見守ったおかげで、スミスは急速に冷やすというナイロンの製法を発見したのだ。この製法の発見直後から、デュポンではどのような直径のナイロン糸も自在に、しかも実用的なスピードで製造することが可能になった。ナイロンの繊維は溶剤から紡糸用の口金でひねり出され、水槽で冷却される。冷却された繊維は、簡単に引き伸ばすことができる。こうしてセレンディピティは、デュポンの抱えていた頭の痛い問題を解決してみせたのだ。

余剰がなければ進化できない

企業がクリエイティヴィティの管理手法に関心を抱くはるか昔——それどころか企業というものがまだ存在すらしていないころ——母なる自然は生物の進化というプロセスを通じてクリエイティヴィティ・マネジメントを行っていた。生物の進化を理解したところで、企業がクリエイティブな活動を計画したり、目標とする役には立たないが、予期せぬ出来事を管理する一助にはなる。実際、生物の進化以上に計画とは無縁のものは他にない。我々は、我々の先祖が数百万年にわたって着実に、また予定どおり進化してきた結果、いまのホモサピエンスにたどりついたと願うだろうが、現在、一般的になった科学的見解はそうではない。皮肉なことに、生物が進化を目標に設定し、それに向かって一直線に突き進もうとしたのだったら、単細胞のアメーバ以上に進化した生物は現れていなかっただろう。それはなぜか。進化生物学者スティーブン・ジェイ・グールドは以下のように述べている。

もし、進化のステップの一つ一つがそのときの環境に適応し、また形態学的に見て直接の環境に最適な形を実現するものであったとしたら、将来の環境変化に順応するための柔軟性は残されないことになり、環境の変化が発生したとたん、以前の環境に特化しすぎ最適化しすぎた種は絶滅するだろう。有機体は常に不完全な存在でなくてはならず、将来の変化に備えて、そのときは使われていない機能を数多く残していなくてはならない。

現在は使われていなくても、環境の変化を見越して残されている身体機能の例としてよく挙げられるのが、サギの翼である。サギの翼は飛ぶためだけに使われるのではなく、日光を遮って水面に影を落とし、獲物の魚がよく見えるようにするためにも使われている。

疑問となるのは、サギの翼がどのような進化を遂げたのかだ。翼は、完全な進化を遂げるまでは使い道がなかったのだろう。小さな翼は飛ぶ役に立たないし、日光を遮ることにも使えない。進化のすべての段階でその前の段階よりも有利な特質を身につけながら、鳥類は、翼の状態から、発達した翼を持つに至ったわけだが、その過程はどのようなものだったのだろう。ダーウィン自らがそのヒントを与えてくれている。

翼は、一部分だけでは飛ぶ役に立たないことを考えると、飛ぶ以外の目的で生まれてきたものだろう。しかも、あとに鳥類へ進化する小型恐竜にとって、体温を保つことは非常に大切な問題だった。体格の割に表面積が大きく、体の熱を奪われやすかったと思われるからだ。やがて羽毛が翼を覆うようになり、進化の過程をたどるにつれて翼が大きくなっていった結果、数百万年後、新たな、予期せぬ使い道が生まれたのだ。翼がある大きさに到達したとき、サギはそれを使って飛び、水面に影を落として効率よく魚を捕まえることができるようになった。はじめ羽は、その後の変化に備えた、まだ利用されていない機能を有していた。ならば、いまでも何か使われていない機能が隠されているはずだ——だが、それがどのような機能なのか、誰にもわからない。

生物の進化はクリエイティブなものであり、そしてそのクリエイティビティの源は、偶然の成り行きと余剰である。コーポレート・クリエイティビティにもまったく同じことが言える。一切の余剰を許さないのなら、企業は現在の環境に自らを最適化し、その結果、計画して行えることに活動の範囲を制限することになる。自然淘汰にさらされる種にとって、生き残りの秘策は余剰をゼロにすることではない。コダックで3Dイメージングの開発に携わったロジャー・キンメル（この事例の詳細については第九章で触れる）は、次のように語っている。

企業は、あまりにも一つのことに焦点を絞りすぎたため、すぐそばに転がっていたチャンスを逃すことがある。

どこかの時点で、どの企業にも既存の活動から離れるチャンスが訪れるはずだ。目の前の道ではなく、別の道を探して足を踏み出す勇気を持つことが大切なのだ。企業が偶然と余剰を戦略的に利用すれば、幸運な偶然への道を切り開くことができるだろう。

セレンディピティを誘発するには

鋭い洞察を備えた人物に幸運な偶然が起きると、新たな発見がその後に続く。その確率を向上させるために企業にできる対策は三つある。

❶幸運な偶然に転じる偶然が発生する頻度を高める

偶然の出来事が発生する頻度を高める一つの方法として、行動主義を徹底し、実験を奨励し、経験主義的な研究に重きを置くことが挙げられる。もしジェイソン・シーが紙と鉛筆を手にデスクにへばりついていたら、偉大な発見を成し遂げることはなかっただろう。作業を行っている間に起きた偶然の出来事が、その発見に結びついたのだから。好奇心をそそられたロイ・プランケットは、テトラフルオロエチレン・ガスが入っていたはずのシリンダーを迷うことなくのこぎりで切断した。

行動するということはすなわち、のちに幸運な偶然に変わる可能性を秘めた小さな出来事の霧雨に自らをさらすことである。

❷現実に起きた偶然の出来事を認識する力を高める

二番目のアプローチは、現実に起きる偶然の出来事を認識する力を高めることだ。セレンディピティにつながる出来事は、社員が思っている以上の頻度で起きている。そういった出来事の重要性を軽く見るような風潮が蔓延してはいないだろうか。自分にはとてもコントロールできないと考えがちの職場環境から生まれる偶然に頼ることに、社員は不安感を抱いているものだ。

ニュートラスイートの社員は、もしあの幸運な偶然（ジム・シュラターが指をなめるという出来事）が起きていなければ、自分の会社、自分の仕事場は、いまこうして存在していなかったのだという事実をどう感じているだろう。偶然の出来事は、追求する価値のある現象がどこかに隠されているか教えてくれている。そのことを全社員が理解することが必要だ。

例外を見逃すな――それが原則である。キヤノンの遠藤一郎は、熱せられたはんだごてがインクの入ったスポイトに触れたとたんにインクが噴出したのを目にするや、その現象を理解するためにハイスピードカメラを設置した。どんな些細なことであれ、例外は、新たな発見につながる幸運な偶然に転じるかもしれないのだ。

❸余剰を作りだし、企業の洞察力が及ぶ範囲を広げる

セレンディピティの訪れる確率を高めるための対策は、偶然の出来事を誘発し、認識するだけではない。企業は、もっと積極的な行動を取ることもできる。偶然の出来事が、鋭い洞察力を備えた人物に起きるように仕向けるのである。そのためには、企業は自らの洞察が及ぶ範囲を広げ、変化に備えてすぐには使わない余剰——環境の変化に対応するための潜在能力、しかもその時点では余計と思われる能力——を意図的に作り出す必要がある。

企業によっては、現在の職能をこなすための研修さえ行えば充分だと考えているだろう。しかしこれは、現在の、あるいは予定された環境に最適化する行為に等しい。現在の仕事に直接関係のない講習に参加し、とくにプレゼンテーションを行う予定がなくても会議に出席し、新しいことを学ぶための研修休暇を取るよう、社員に奨励すべきなのである。新たに得た知識がいつ役に立つか、誰にもわからない。サギの飛ぶための翼のように、役に立つときが来るまでは、その知識はまだ発揮されていない、変化に備えた能力なのだ。

企業の洞察力を高めるためのもう一つのヒントは、第二章で述べた架空のリスト——全社員の氏名と、その人物だけしか知らない業務を記したリスト——に隠されている。どの氏名の横にも必ず何らかの業務が挙げられることになるだろうが、その項目は少なければ少ないほどいい。なぜなら、ある特定の偶然の出来事がより多くの人々の洞察力の範囲に入ることになるからだ。では、どうやったら項目を少なくすることができるだろうか。頻繁に異動を行うこと、しかも職能の境界を超えて異動させるのも一つの手だろう。あるいは、あまり顧客や取引先と接する機会のない社員に、その機会を与えることも有効だ。余剰がなければ、幸運な偶然が訪れるゆとりもなくなるのだ。

第8章

⑤ 多様な刺激を生みだす——拡散的に思考する

Diverse stimuli

ヘンリー・ジェームズによれば、天才は、異質な物事に共通性を見出すずば抜けた才能をもっているという。天才の心は、ありふれた経験によって作られた溝を軽々と飛び越える。天才の心はまた、敏感である。すべての刺激から、互いに関連しない多様な思考の道筋が生まれてくるのだ。ジェームズは言う。「そのような心を土壌に、種は芽を出し、双葉を開き、成長する」

ジャック・バルザン

受けた刺激を活用する

クリエイティブな活動に誰が関わるか、それがどのような活動になるか、いつどのようにそういった活動が発生するかを予測できない理由の一つは、ある特定の人物をクリエイティブな活動へ導く刺激がどのような種類のものかを予測することはできないという現実である。

コーヒーを飲みながら交わした何げない会話から始まった一連の出来事がＨＰをインクジェット・プリンタの開発へと導いた事例、ファーストクラスの乗客に「その黄色と黒のタグは何なのか」と繰り返し尋ねられたことが「ファースト＆ファァスト」サービスの導入を促した英国航空の事例などを思い出していただきたい。

コーポレート・クリエイティビティの第五の要素は多様な刺激である。刺激は、すでに取り組んでいた物事にそれまでとは違った観点を与えたり、まったく新しい方向へと足を踏み出すきっかけとなったりする。企業は、さまざまな刺激がどのようなものかを特定し、社員にそういった刺激を提供するよう努力することも可能だ。しかし、その努力が及ぼす影響力は、以下の二つの理由から、ごくかぎられたものになりがちだ。

まず、刺激の大部分は、職務そのものとの関わり合いのなかから生まれるという点。そして第二に、ある人物にとっては強烈な刺激だが、別の人物からは見向きもされないこともありえるという点だ。真に有効なのは、社員が刺激を受けることを支援し、受けた刺激を活用できるよう、その刺激を企業に持ち帰る機会を作ることである。

社員に多様な刺激を与えるために企業にできることとは何か。そのような刺激のほとんどが仕事との関連で与えられることが多いのはなぜか。そういったことを議論する前に、まずは刺激というものがある個人にとっていかに多様かつ独特のものになりうるか、詳細に検討してみることにしよう。

最初に、映画『マッド・マックス』のプロデューサーであり監督であるオーストラリアの映画人ジョージ・ミラーの例を挙げ、彼が何をきっかけに新しいプロジェクト――牧羊犬になりたいと願ったブタを描いて大ヒットした映画『ベイブ』――に着手したのかを考えてみよう。

ブタに言葉をしゃべらせる――映画『ベイブ』の着想

一九八六年、シドニー発ロンドン行きの英国航空機内で、ジョージ・ミラーはヘッドフォンで子供向けの番組を聞いていた。そのなかで児童書の書評が流れていた。ミラーの言葉を借りれば、イギリスのお堅い家庭教師を思い浮かべるような、いかにも教師然とした、完璧な英語を話す女性が本の紹介をしていたという。その女性が子供向けに紹介した本のなかに、イギリスの児童文学作家ディック・キング＝スミスの『子ブタ　シープピッグ』（評論社）があった。女性は、その本がある賞を受賞したと伝え、ストーリーの紹介に入った。
ある農場で暮らす牧羊ブタになりたがったベイブという名前のみなしごの子ブタの話だった。女性はストーリーを説明しながら何度か吹き出したので、ミラーは、他人が書いた書評を読み上げているのではなく、自ら読んだ上で紹介しているという印象を抱いた。その様子に好奇心をそそられたミラーは、本のタイトルを書き留め、ロンドンに着いたら探してみようと決めた。そして、その本を買って読んだミラーは、そのストーリーにすっかり心を奪われる。

ストーリーそのものも魅力的だったが、その裏の意味にも同じくらい強く惹かれた。その本は、動物が生まれる前から種によって序列を定められている、ある農場での偏見を描いていた。その偏見に満ちた世界へ、偏見のない心を持った子ブタがやってくる。子ブタは他の動物をありのままに評価し、羊も他の動物たちも平等に扱う。そうすることを通じて子ブタは農場で暮らす動物たちの生活を一変させ、自らは世界一の牧羊犬のタイトルを手にするのだ。

一九八三年、著者キング＝スミスは、たった三週間でこの物語を書きあげたという。かなりローテクな書き方をしていたのに、である。まず、午前中に鉛筆で下書きし、午後になってから、骨董品級のポータブル・タイプライターを人さし指で叩いて清書していたのだ。
五十五歳で小説を書き始めたキング＝スミスは、それまでの二十年間、農場を経営していた。

『子ブタ　シープピッグ』のヒントになったのは、子ブタの体重を言い当てた人に賞品としてその子ブタをプレゼントするという村の伝統行事だった。キング＝スミスはその思い出から、お祭りで子ブタをもらった農場主が、この子ブタはやがて冷凍庫に入れられる運命にあるのではなく、もっと素晴らしいことをやり遂げるだろうと信じる、というストーリーを思いついた。こうして書き上がった本は、イギリスでは『The Sheep Pig（牧羊ブタ）』アメリカでは『Babe the Gallant Pig（勇敢な子ブタ　ベイブ）』というタイトルで刊行され、イギリスでは、一九八四年のガーディアン児童文学賞を、アメリカではボストン・グローブ紙の一九八五年度ホーン・ブック賞などを受賞したのだ。

英国航空機での長旅から何カ月もたたないうちに、ジョージ・ミラーはディック・キング＝スミスのエージェントとロンドンで接触し、『子ブタ　シープピッグ』の映画化オプション権★を買いたいと申し入れた。登場する多数の動物が言葉を話すという、映画化が困難と思われる作品だったため、他に映画化権の取得を申し出たライバルはなく、ミラーは妥当な値段でオプション権を手に入れた。

いくつかの理由から、ミラーはアニメーション映画にはしたくないと考えていた。登場する動物たちは非常にリアルに描かれていたので、本物の動物を使った方がストーリーが際立つだろうと考えたことが一つの理由だ。また、アニメーション映画にしてしまうと、それだけで子供向け映画というレッテルを貼られ、観客層が極端に絞られてしまうこともあった。ミラーは、大人の心もつかめる作品だと信じており、幅広い年齢層の観客を惹きつける、魅力ある映画にしたかったのだ。

★　契約や手付金の支払いによって、将来、映画化権を獲得できる権利しかし、アニメーションは使わないという方針が大きな問題を生む。ミラー自身もわかっていたことだが、動物にしゃべらせることができるほど高度なコンピュータ・グラフィックス技術は当時まだ開発されておらず、それどころか、あと十年は実現されそうもなかったのだ。さらに悪いことに、世間の人々は、そんなものが実現する日がくるはずがないだろうと考えていることをミラーは知る。

というわけで、一九八六年、それは素晴らしい原作を手に入れた私に、周囲の全員が――文字通り全員が――そんな映画を作れるわけがないと言った……しかし、あの子ブタが、心の優しさから何かを成し遂げようとしたが、偏見に満ちた動物たちには馬鹿にされ、人間たちにも犬の仕事をやらせてもらえなかったあの小さな子ブタの話が、そう、あの話に貫かれていた精神が、なぜか私を駆り立てた。

もし本物の動物を使って撮影することができたとしての話だが、その映画にはたぐいまれな才能に恵まれた監督――底なしの忍耐（ミラーの言葉を借りれば、彼自身が持ち合わせているよりも多くの忍耐）とディテールに気を配れる目を持った監督――がぜひとも必要だと感じたミラーは、クリス・ヌーナンに連絡する。ヌーナンはオーストラリア人の監督で、ミラーとはそれ以前にも一緒に仕事をしたことがあった。まもなく、ヌーナンもこのプロジェクトの虜になる。

私は本を持ち帰って読み、いたく感動した。読みながら何度も声を出して笑った。そして読み終わったとき、目に涙がたまっていた。どうかしてるんじゃないかと思った。大の男が、おかしな子ブタの話を読んで泣くなんて。普段から、一日一本は台本を読む。それだけの量を読んでいれば、「抵抗力」がついてしまう。よほど人の心をがっちりつかむ力を持った本でなければ、相手にもしなくなる。だが、心をぐっとつかむような本には、何かとても優れたところがあるものだ。そこで、その本を深く分析してみると、ただの英雄物語ではない、何重もの意味が込められたストーリーだとわかった。

ジョージは、デジタル・アニメーション技術でしかこれは実現できないと言っていたが、当時、デジタル・アニメーションはまさに生まれたばかりの技術でまだ荒削りだったから、それを使えば必ず映画が撮れるという保証はなかった。それでも私たちは二人とも、本物の動物にスクリーン上でしゃべらせるというアイデアに関心を抱いていたし、実現すれば大評判になるだろうと考えた。絶対に不可能だろうと思えることが、なぜかかえって私を虜にしたのだ。

登場する動物たちが、本当にお互いにしゃべりあっているように見えなければ、映画は失敗に終わる。その実現に必要な二つのテクノロジーが開発されるまで、二人はそれから六年半待たされた。一つはアニマトロニクスと呼ばれる技術で、本物の動物を模して作られた、コンピュータ制御のゴム製パペットが代役を演じるというものだ。アニマトロニクスは、本物の動物にはできない表情を表現する場面では絶対に必要だった。また、カメラが引きで撮影しているために調教師が近づいて動物をコントロールできないシーンや、動物が傷ついたり、死んでしまうおそれがあるようなシーンでも使われた。もう一つの技術はデジタル・フォトグラフィーおよびイメージ・プロセッシングだ。これは本物の動物を撮影したあと、特殊効果のエンジニアが動物の口を消し、その代わりにコンピュータで新たに口を描いて、声優のせりふに合わせてスムーズに変形させるというものだ。人間が話すときの表情を真似て、目や眉も動かす。

技術の進歩が追いつかないまま、一九九八年、ミラーとヌーナンは、まず第一段階として、脚本を書く作業を開始した。二人は毎日顔を合わせ、ストーリーやキャラクターをすべての観点から徹底的に話し合った。その結果、新しいキャラクターが二匹加えられた。ピエロ的役回りを担うアヒルのフェルディナンドと、軽い緊張感を加えるための牧羊犬レックスだ。

三カ月ほど経過したころ、二人は壁一面に貼られたチャートに、シーンごとの仮スケッチを描きあげていた。そして、ヌーナンが脚本の第一稿を完成すると、ふたたびミラーと共同で隅から隅まで見直し、何が実現できず、何が可能か、一つずつ確認していった。それからヌーナンがまた単独で第二稿を書いた。こういった作業がほぼ四年にわたって繰り返され、ヌーナンとミラーの双方が納得のいく脚本に仕上がったときには、二十稿を数えていたという。

一九八九年の中ごろ、二人はスポンサーを求めて映画会社への接触を開始した。この映画には莫大な制作費が必要であることは明らかだったので、オーストラリアでスポンサーを探すのは無理だった。アメリカの大手の映画会社の中から探すしかない。多くの会社がこのプロジェクトに関心を示したが、実際に制作費の見積もりを始めてみると、その関心は急速に失われた。そのような映画に果たしてどのくらいの収益が見込めるか、判断がつきかねたのだ。クリス・ヌーナンは、その理由をこう語っている。

時代を先取りしたコンセプトであり、また非常にリスクの高いプロジェクトでもあった。失敗の原因になりやすい要素がずらりと勢ぞろいしていたからだ。動物、特殊効果。それに、すべての撮影が屋外で行われ、天候や季節に左右されやすいこと。

結局、最後まで残ったのはユニバーサル・ピクチャーズだった。そのユニバーサルも、撮影開始直前になって、あやうく撤退しかけたという。

資金が集まり、必要なテクノロジーが揃っても、この映画はやはり大きな賭けだった。登場する九七〇匹の動物に演技をさせるために、六十名の調教師が必要だった。しかも、主人公のブタを演じたのは一匹だけではなかった。実に四十八匹のブタが使われたのだった。どの子ブタも、この映画専任の調教師の手で、赤ん坊のときから育てられたものだ。それほど数多くの子ブタが必要だったわけは、現代のブタは速く成長するよう改良されているため、一匹を撮影に使えるのは生後十六週間から十八週間のわずか二週間だけだったからだ。子ブタの女優（雄ブタでは、ある部分が目立ちすぎることが判明した）を生後二週間から次々に訓練するという体制ができあがった。それでも十八週間目に入ったとたん、「愛らしい」時代は終わってしまう。そのうえ、一匹一匹、得意な演技が違っていた――じっと座っているのが得意な子ブタもいれば、立っているのが得意なものもいた――ため、三週間ごとに六匹ずつ育てなくてはならなかった。

しかし、ジョージ・ミラーとクリス・ヌーナンは、オーストラリア映画史上最大規模の製作を無事終了させた。公開後、一九九六年四月までに、映画『ベイブ』は六三〇〇万ドルの興行収入をあげている。ゴールデン・グローブ賞のコメディ部門作品賞、全米批評家協会の最優秀作品賞を受賞し、アカデミー賞でも七部門にノミネートされた。飛行機が怖くてオーストラリアに行けないという理由から映画製作への参画を断ったキング＝スミスは、一九九五年八月にロンドンで開かれた完成試写会で、夫人とともに初めてこの映画を見た。夫妻は、説得力のある映画だと感想を述べている。

最も肝心な点は、もちろん、動物たちに口を開かせ、しゃべらせること、あるいはしゃべっているように見せることに成功したことだった。手品の種はちゃんとわかっているというのに、シートに座って何分も経たないうち、私も妻も、この映画を作った人々は動物たちにあんな動きや表情を教えることができたのだから、きっとしゃべり方だって教えられたに違いないなどと考えていた。

ジョージ・ミラーの関心を引いたのは、英国航空機内で流れていたエンターテイメント番組で聞いた、名前もわからない女性の笑い声と抑揚のない話し声だった。その笑い声と話し声がミラーの目を一冊の本に向けさせ、彼のイマジネーションをかき立て、素晴らしい映画に仕上げるという長く危険な旅に足を踏み出させた。

ここで、多くを語るこの質問について考えていただきたい——飛行機の中で同じ番組に耳を傾けていたのが別の映画プロデューサーだったら、書評を読み上げたその声は、果たしてそのプロデューサーにも同じ影響を及ぼしただろうか。

ジョージ・ミラーは刺激をきっかけにまったく新しいプロジェクトを開始した。だが、刺激というものは、求めているものが定義されている企業においても重要な役割を果たすことがある。すでに存在する問題に対して、それまでとは異なった、より優れたアプローチを選ぶきっかけを社員に与える場合があるからだ。

矛盾する二つの塗料——GMキャデラックの塗装

一九二〇年代初めのゼネラル・モーターズ（GM）にも、もちろん頭痛の種はあった。車の塗装方法を是が非でも改良する必要があったのだ。当時、どこの自動車会社も同じ問題を抱えていた。黒以外の色を塗るのに、信じられないほどの時間がかかっていたのである。GMでは、平均三週間は必要で、キャデラックに至っては、なんと三十四日もかかっていた。その結果、仕掛品の在庫管理だけで気の遠くなるような作業が発生していた。CEOのアルフレッド・スローンは著書『GMとともに』（有賀裕子訳、ダイヤモンド社、二〇〇三年）のなかで、一日に一〇〇〇台という当時のゆっくりとした生産スピードでも、塗装専用に二〇エーカーの屋根つきの場所を確保していたと記してる。

しかしGMには、場所の問題以上に頭の痛い難問があった。どんなに丁寧に塗装しても、工場から出荷して何週間と経たないうちに塗装がはがれ落ちてしまうのだ。顧客から見れば、安っぽい塗装は、貧弱なエンジンや機械の故障と同じく、粗悪品の証だった。顧客から苦情が殺到して、GMはその対策に手を焼いていた。

そもそもの原因は、自動車が登場したとき、それまで馬車の塗装と同じ方法を継承したところにあった。残念ながら、馬車ではうまくいった塗装方法も、自動車が相手ではそうはいかなかった。エンジンが発生する熱によって塗装面の温度は上昇し、塗料がその温度変化に耐えられない。そのうえ自動車を塗装するという作業は、馬車を塗る作業よりはるかに人手がかかった。たとえばシボレーのような大衆車を生産するために、自動車メーカーは、その当時唯一流通していた安価でそこそこ耐久性のある仕上げ剤、黒のエナメルを使用していた（この事実があったからこそ、ヘンリー・フォードはあの有名なせりふ「フォードの顧客は、好きな色の車を買うことができる。ただし黒に限るが」を口にしたのだ)。スローンは安くて耐久性のある塗料を使って車を黒以外の色に塗ることができれば、消費者は行列を作って買っていくに違いないと確信した。しかし実現には、人の手で一週間以内に五層の塗料を塗らなくてはならない——これには手直しの工程も含まれている——が、それができたとしてもやはり色つきの塗料はすぐにはがれてしまう。さらにスローンは、ヘンリー・フォードとは違った企業戦略を採用したいと考えていた。基本設計は同じでボディのデザインや仕上げが異なった多数のモデルを揃えたい。それが実現できるかどうかは、黒以外の塗料を使えるか否かにかかっていた。

それだけではない。GMは、塗装の問題をぜひとも解決しなければならない差し迫った事情をもう一つ抱えていた。馬車は、風雨から守るために車庫にしまっておくのが普通だった。しかし、GM社員の大多数は、「車庫の必要がない車」が実現できれば自動車市場に革命を起こせるだろうと感じていた。ピエール・デュポン(デュポン社は当時、GMの株式の二三%を保有していた)は、GMの研究開発部長チャールズ・ケタリングに次のように言ったという。

> 雨や風に耐えられる素材で覆われた屋根つきの車なら……いつでも玄関前に乗り捨てることができ、一般的な小型車オーナーにとっては、風雨から守るために気を使って車庫にしまわなくてはならない自動車よりはるかに便利だろう。

それに対してケタリングは、そのような車を製造するための最大の難問は主に塗装の問題にあると答えている。

そういった理由からGMは、消費者の目を引く鮮やかな色の塗料を使った、耐久性があってしかも手間のかからない塗装方法を開発する必要に迫られたのである。やがてそのGMにある出来事が起きた。クリエイティビティに関するケタリングのお気に入りの話だ。

彼は塗料メーカー、塗料化学者、それにGMの塗装作業員を集めて会議を開いて尋ねた。自動車の塗装作業にかかる時間を短縮するにはどうしたらいいだろうか。手の打ちようがない、というのが専門家たちの一致した意見だった。塗装工程には、乾燥の時間がどうしても必要だからというのが理由だ。

「もっと手早く塗装する手はないのかね?」ケタリングが尋ねた。

「短時間で塗れば、塗装がすぐにはがれてしまいます」しかし、しばらく議論すると、一日か二日なら短縮できるのではないかということになった。誰かがケタリングに尋ねた。

「一台を塗り終えるのに、どのくらいの期間なら許せるとお考えでしょう」

ケタリングの答えは、専門家グループを仰天させた。

「一時間といったところだな……で、なぜ一時間では無理なんだね?」

「一時間では塗料が乾かないからです」

「塗料を速く乾かす方法はないのか?」

「無理な相談です」専門家は答えた。「自然に任せるしかないんですよ」

会議室を出るとき、誰かがこうつぶやくのがケタリングの耳にも届いた——引っこんでろ、余計な口出しはするな。だが、それくらいのことで諦めるケタリングではなかった。ＧＭには色のついた車が必要だったし、ケタリングには適切な塗装法を見つけ出す必要があったのだ。

それからまもなく、ケタリングはニューヨークへ出かけた。時間の余裕があったので、五番街にウィンドウ・ショッピングに出かけた。ある宝石店のウィンドウをのぞくと、それまで見たことのない塗料で仕上げられたピン・トレーが目に留まった。ケタリングはそれを一つ買い求め、どこで作られたものかと尋ねた。彼はそのトレーを作った人物に会いに行き、どこでその塗料を入手したのかと聞いた。そしてニュージャージー州のある人物の名前と住所を教えられた。教えられた住所を訪ねると、その人物は裏庭にある小さな小屋でその塗料を作っていた。ケタリングは、一クオート★譲ってくれないかと頼んだ。

「困りましたね、一度に一クオートも作ったことがないんですよ。いったい何にお使いで？」

「自動車のドアを塗るのに使いたい。」

「それはだめでしょうね。この塗料は一瞬で乾いてしまいますから。自動車工場で使うようなスプレー・ガンで吹きつけたら、ドアに届く前に乾いて、塵になって飛んでいってしまいますよ」

「乾くのを少しゆっくりにはできないだろうか？」ケタリングは尋ねた。

「無理な相談ですね」男は答えた。

★　液量単位。ガロンの 1/4。1 クオート＝約 0.946 リットルケタリングはこのとき、正反対の二つのものを手にしていたわけだ。道は開けた。
それから二年半をかけてGMとデュポンの研究者は実験を重ね、狙いどおりの塗料を開発した。この新しい塗料は「デューコ」という名前を与えられ、発売直後から自動車用塗料の市場を支配した。デュポンがデューコの販売を開始した一九二五年一年間で、一ガロン五ドルのデューコは一〇〇万ガロン以上売れたという。一九二六年に売上げは倍増し、デュポンの全売上高の一二%を占めるまで成長していた。スローンは著書の中で、新しい塗料が自動車産業にどのような影響を与えたか、次のようにまとめている。

デューコは、黒以外の塗装にかかるコストを抑え、安価に塗装できる色の幅を大きく広げることを通じて、自動車の色やスタイリングの新しい時代を切り拓いた。それだけでなく、短時間で乾くという特性が、大量生産の実現を阻んでいた最大の問題を解決し、自動車のボディの生産スピードを向上させることにも成功した。

一方、チャールズ・ケタリングはといえば、最初の会議の席上、ケタリングの要求には応えられないと突っぱねた塗料メーカーのジョーに、いたずらをしてやりたいと考えていた。デューコの塗装実験が成功した直後、ジョーとケタリングは一緒に昼食をとることになった。ジョーが現れるとケタリングは、デューコの試作品の色見本を机に広げていた。

「ジョー、君の車を塗り直すとしたら、どの色が好みかね?」

一瞬考えこんだあと、彼は一色を選んだ。それから二人は昼食に出かけた。

オフィスに戻ってからも二人はしばらく話をした。そしてジョーが帰ろうと立ち上がり、何げなく窓の外に目をやった。

「おい、車を盗まれた！ 私の車が消えている！」

「誰も盗んでなどおらんよ」ケタリングは答えた。「昼食に出かけている間に、色を塗り直させただけだ。さっき、あの色がいいと言わなかったかね?」

創造力のリフレッシュ

多くの企業では、社員に多様な刺激を与える正規プログラムを用意している。そういったプログラムにとくに力を注いでいる企業に、世界最大のグリーティング・カード販売会社ホールマークがある。とはいえ、ホールマークの努力は極端にめずらしいものというわけではなく、どこの企業でも見られるようなプログラムだ。

たとえば、クリエイティブ・リソース・センターには、幅広い分野にわたる二十万冊の蔵書に加え、一五〇種類の雑誌が閲覧できる図書館が付設されているし、会社主催の訪問講演会シリーズでは、あらゆる分野からゲストスピーカーを招いて講演会を開催している。さらに、クリエイティブ・リソース・センターが月一回発行するニュースレターは、演劇や展覧会、新刊書などの情報を満載している。

しかし、ホールマークは、多様な刺激を与えるために、他社と一線を画すような努力をもう一つ行っている。クリエイティブ部門にサバティカル（研修休暇）制度を導入しているのだ。クリエイティブ部門にはおよそ七〇〇名が所属し、ホールマークが発表する年間三万種類に及ぶ新デザインのカードや関連商品は、すべてこの部門のアーティストやライターの手で作り出されている。サバティカル制度は、一般に大学などで教員向けに実施される制度で、企業で導入されているとしても、ボランティア活動に携わるための休暇やリフレッシュ休暇をそう呼んでいる例が大半である。

ところがホールマークのサバティカルが目標として掲げているのは、創造力のリフレッシュだ。サバティカルの一例に、厳選されたアーティストやデザイナーに四カ月の休暇を与え、新たな技能を身につけさせるというものがある。チームのメンバーは、通常の業務を離れてホールマークのスタジオ、ライス・イノベーション・センターに異動する。そこで陶芸や製紙、コンピュータ・グラフィックスといった、それまで未経験の技能を学ぶ。新製品の開発に結びついても結びつかなくても、この期間が終了したとき、参加者は気分転換を果たすだけではなく、新たにクリエイティブな視野を得て、普段の業務へ戻る。

別のサバティカルの例が、クリエイティブ・アドバイザリー・グループが実施しているものだ。このグループの仕事は、会社の発展に役立ちそうな社会科学や心理学、科学の最新動向を取り上げ、経営幹部やクリエイティブ部門の社員を相手に、できるだけ効率的な手段を用いて紹介することである。年に二度、このサバティカルに参加するよう指名された三、四名の社員が、通常の仕事を離れてクリエイティブ・アドバイザリー・グループに参加し、半年間にわたる活動に携わって、グループ・プロジェクトと個人プロジェクトの二種類に取り組む。グループ・プロジェクトでは、特定のトピックや最新動向を研究し、それがホールマークとどう関わっていくかを説明するビデオを製作する。このビデオは最終的に、経営幹部のみならず、数百名のクリエイティブ部門の社員の目にも触れることになる。

クリエイティブ・アドバイザリー・グループの主任クレア・エヴァンスに、このような形式のサバティカル制度が始まったきっかけを尋ねてみた。するとこの制度は一九九〇年、エヴァンズが肺炎で数週間、自宅療養したことから始まったという。

療養中のエヴァンズは好奇心から、それまで一度も見たことがなかったMTV（音楽専門チャンネル）にチャンネルを合わせた。二十歳の若者ならMTVの映像を見て腰を抜かすことはないだろうが、エヴァンスは二十歳どころか、五十代も後半にさしかかった女性だ。MTVを見たことをきっかけに、彼女はジェネレーションX★や、その世代とホールマークとの関わりについて考えはじめ、どうやったらそのアイデアを会社側に伝えることができるだろうと考えた。伝え方の問題はあっ

★ 1961～71年ごろに生まれ、80年代半ばから後半にかけての繁栄期に取り残されて失業と不況に苦しめられた世代

さり解決した――ビデオ製作だ。

こうしてできあがったジェネレーションXについてのビデオは大成功をおさめ、一九九一〜九六年に製作された九本のビデオの記念すべき第一号となった。他のビデオのテーマには、天使、慢性病、男らしさ、精神世界、民族性などがあり、どれもホールマークのビジネスに関わりが見出された。たとえば、民族性を研究したプロジェクトでは、四人のメンバーが文献を読み、専門家に取材し、民族の祭りを見に出かけ、いろいろな都市の特定民族が集まって暮らす地域を訪ねた。

一方、個人プロジェクトのテーマは、メンバー一人一人が自ら選択することになっている。民族性を研究したグループの一人は、それまでほとんど知識のなかった分野を研究テーマに選んだ。アフリカ系アメリカ人の作るキルトである。エヴァンスは内心、そんなテーマは研究するだけ無駄ではないかと思っていたという。しかし、そのメンバーがキルトのコレクターや美術館、キルトのプロデューサーなどを訪ねた結果、アフリカ系アメリカ人が作るキルトは、それよりもはるかに有名なヨーロッパのキルトとはまったく異なった特徴を持っていることがわかった。アフリカ系アメリカ人のキルトは、細かな模様の繰り返しで作られる。その研究は無駄どころか、アフリカ系アメリカ人のキルトには「物資的に豊かでない人々の豊かなインスピレーションが生き生きと表現されるような」色とパターンが使われているという知識をもたらした。

この民族性についての個人プロジェクトとグループ・プロジェクトは、ホールマークのグリーティング・カード作りに直接的な影響を及ぼした。ホールマークのグリーティング・ライターの一人は次のように述べている。

このプロジェクトにより、ホールマークには、ネイティブ・アメリカン向けやラオス人向けといった特別なラインアップを設ける必要がないことがはっきりわかった。既存の商品ラインに——民族の特徴を薄めすぎないように配慮しながら——マルチカルチャーな要素を加えれば、我々が求めていた商品を作れるのだ。

これらのプロジェクトをきっかけに、新しい商品ラインが登場した。「シンボリック・ノーションズ」ジュエリー・シリーズである。プロジェクトのメンバーが調査の過程で見つけた民族固有のシンボルやマルチカルチャーなシンボルをデザインのベースにしたシリーズだ。ホールマークでは、サバティカル制度が明らかに実を結んでいる。

刺激的な毎日

企業はあらゆる手を尽くして社員に多様な刺激を与えるべきであるが、一方、そのような努力にれる。

も限界が存在することは知っておかなくてはならない。もちろん、ホールマークのようなサバティカル・プログラムは、社内に活気を与え、クリエイティビティが芽を出しやすい環境を整えてくれる。

しかし、見逃せない点が一つある。ある特定の人物が、与えられた刺激にどのような反応を示すか、前もって知ることはできないという欠点である。刺激を受けた人物が必ずクリエイティブな活動をするとは限らない。最大の難問は、与えた刺激を仕事に結びつけられるかどうかである。

サバティカル制度は、変化が起きる可能性を高めるのには確かに有効だが、その影響力の及ぶ範囲はおのずと狭くなると知っておくことが大切だ。ホールマークでさえも、全社員のわずか一〇％程度にしか――ほとんどがクリエイティブ部門の社員――サバティカルを与えていない。そのうえ、サバティカル期間中は通常の職場環境から引き離され、刺激を受けやすいだろうと会社が考える環境に置かれることになる。

しかし、クリエイティブな活動のきっかけになるような刺激の大部分が、仕事そのものとの関わりの中から生まれている――いや、それどころか、仕事というものの性質を考えれば、仕事はもともと多様な刺激に満ちているものなのだ。

ロイ・プランケットがテフロンを発見した事例を振り返ってみよう。プランケットが用意したシリンダーの多くで、テトラフルオロエチレン・ガスが重合していたと考える方が自然だ。プランケットの観察力の鋭さを考えれば、もし彼が針金を差し入れてみたシリンダーで発見できなかっとしても、いつか別のシリンダーで気づいたことだろう。つまり彼の周囲は、クリエイティブな活動に導く刺激だらけだったのである。だが、もし彼が職場を離れ、黒板の前に座って不活性物質の将来について考えていたとしたら、彼はテフロンを開発していただろうか。

社員に刺激を与えることを目的に導入されたプログラムの最大の難問は、その刺激を現実の仕事に結びつけ、有意義な成果をあげることができるかどうかにある。

我々はこう考えている。刺激を創出し、通常の職場を離れた環境で少人数の厳選された社員に刺激を与えることに重点を置くより、刺激の大部分は社員自らが探し出すものだと理解することを優先すべきであると。さらに、刺激を受けた社員に、その刺激を社内に持ち帰り、活用する機会を与えることこそが大切なのだ。

ジョージ・ミラーやチャールズ・ケタリングは、どちらも組織内で大きな発言力を持っていた。正しい刺激を受けた彼らは、それをもとに何かを実現させられる立場にあり、そしてどちらも実現に結びつけた。しかし現実には、現場で働く、彼らほど発言力を持たない社員が刺激を受ける頻度の方が高い。

企業にとっての最大の関門は、そういった一般の社員が刺激を受けやすい環境を作り、いつどこで刺激が発生してもそれを利用できるようにできるか否かである。刺激があってもそれに何の対処もしなければ、最初から刺激がなかったのと同じだ。顧客から刺激を受けることもあるだろうし、顧客と接触する機会のない社員なら、仕事そのものから直接刺激を受けることもあるだろう。

刺激を受けて何かが変わった、という事例を二つ紹介しよう。どんな形式なものであれ、会社主導のプログラムからはこのような刺激は受けなかっただろうと思われる事例だ。しかし、どちらの組織の場合にも、刺激を受けた社員がそれについて同僚と話し合い、その刺激が秘めた可能性について表現する場や時間が与えられていた。

ウェイターの思いつき――帝国ホテルの新ビジネス

外国人向けの西洋スタイルの高級ホテルとして一八九〇年にオープンして以来、東京の帝国ホテルは世界で最も格式の高いホテルの一つとして知られている。皇居のすぐそばに建つこのホテルは、数多くの歴史的事件の舞台ともなった。

フランク・ロイド・ライトが設計した新しい建物は、一九二三年九月一日、関東大震災が東京をがれきの山に変えたまさにその日にオープンした。幸いなことに、オープンしたばかりのホテルは被害を免れた。地震の取材に世界中から駆けつけた記者が宿泊できる場所は、この帝国ホテルしか残っていなかった。帝国ホテルにとって、これは絶好の宣伝材料になった。海外の記者が世界へ向けて発信する記事には、すべて、「帝国ホテルにて」という一行が入り、多くの記事に東京に宿泊するなら帝国ホテルしかない――と書かれていた。戦後の占領時代、マッカーサー元師率いる進駐軍幹部も帝国ホテルに滞在した。

今日、外国の要人が一堂に会するような歴史に残る行事があれば（たとえば昭和天皇の葬儀など）、集まった人々のほとんどは帝国ホテルに宿泊する。そして、主としてホテルのサービスの質を決定づけるのは、およそ二〇〇〇名にのぼる従業員たちである。ドアマンからメイドに至るまで、ホテルの従業員は日常的に顧客と接し、顧客のニーズや要望を汲みとることができる立場におかれている。彼らの業務はクリエイティブな活動に結びつく刺激に満ちている。しかし、ホテル側にはどの従業員がそのような刺激を受けるか予測できない。

帝国ホテルに勤務する宴会係のウェイターが、ある宴会で二人の客の会話を偶然耳にした。その二人は、まもなく開かれる大学の同窓会のことを話していた。その会話を耳にしたウェイターは、同窓会を帝国ホテルの新ビジネスに加えることができるのではないかと考えた。彼の所属する課では、週に一度、定例会議を開いており、その席上、彼はそのアイデアを提案した。有志が幹事を務めることの多い同窓会では、幹事の負担をどれだけ軽くできるかが肝だ。

そこでこのウェイターは、優れた解決法を見出した。幹事は出席者から一万円ずつ徴収し、ホテル側は出席者一人当たり九〇〇〇円の料金を幹事に請求すれば、幹事の負担が軽くなるのではないか。ホテルに支払いを済ませたあと、万が一余計な支払いが生じても大丈夫なくらいの金額が幹事の手元には残る。

帝国ホテルはこの新しいサービスを一九九三年七月から開始し、すぐに大盛況となった。サービス開始直後の二カ月間だけで予想の四倍近い予約が殺到し、六十万ドルの利益をホテルにもたらしたのだ。

この帝国ホテルのウェイターの仕事は顧客サービスだったが、多様な刺激は、どんな種類の仕事からも生まれてくる可能性がある。では次に、第三章でも紹介した、改善提案制度への参加率一〇〇％を誇るジョンソン・コントロールのフォーメック工場の事例をふたたび紹介しよう。

無駄だらけの工場──ジョンソン・コントロールの夜警団

アメリカの大手メーカーにはよく見られるものだが、フォーメック工場でも、社員が自発的に改善チームを結成し、「ナイト・アウルズ（宵っぱり）」という名前をつけた。会長にはミシェール・ジョンソンが選出された。彼女はまさに適任者だった。というのも、このチームが初めて提出した提案を最初に思いついたのは彼女だったからだ。

十二月のある早朝のこと、仕事を終えて掃除をしているとき、ジョンソンは一台の機械のそばにナットやボルトがいくつか転がっているのに目を留めた。これをきっかけに、彼女は考え始めた。こういった部品は高価なものだ。もし自分が拾わなかったら、あとで誰かが捨ててしまうだろう。ジョンソンは、社員が仕事を終えて帰ったあと、工場のあちこちにまだ使えるものが残されている、いや、率直に言えば捨てられていることに気づいた。そして、そうやって捨てられた部品を全部合わせたら、どれだけの金額が無駄になるだろうと考えはじめた。

クリスマス休暇明けの最初のナイト・アウルズの会合で、ジョンソンはアイデアを同僚に打ち明けた。しばしの議論のあと、ナイト・アウルズは簡単な実験を実施することを決めた――一カ月間、作業場、休憩所、ロッカー・ルーム、工場内外の廊下で、まだ使えそうな部品が放置されていたら、拾い集める。集めた結果、対策を考える価値のある問題かどうか、あらためて判断すればいい。

ナイト・アウルズは拾い集めたものの量に驚くことになった。自分たちのロッカーだけでは保管しきれなくなり、ジョンソンはフォーメックの改善チーム管理者オフィスに拾い物を置かせてもらえないかと頼むはめになったという。

実にさまざまなものが見つかった。使いかけのテープ、油性ペン、ナットやボルト、手袋の片方、C型クランプ、真鍮の部品、空気入れ。どういったものが放り出されがちなのかがよくわかる例が、「リスティング・ワイヤー（補強用のワイヤー）」と呼ばれる部品だ。フォーメック工場が車のシートを製造していることを思い出してほしい。たいがいのシートのクッションは、ポリウレタン・フォームとそれに組みこまれた強度を保つためのワイヤーの枠から成っており、リスティング・ワイヤーはそのワイヤーの枠の骨として使われる。当然のことながら、フォーメック工場ではこのリスティング・ワイヤーを大量に使う。このワイヤーは三十センチほどのまっすぐな針金で、あらかじめ切りそろえられたワイヤーを一〇〇本単位で購入しており、一パックの値段は十六ドル九十五セントだった。

ある晩、作業場からトイレに行く途中で、ミシェール・ジョンソンはこのリスティング・ワイヤーを六十五本拾ったという。調べてみると、作業をしながら取り出しやすいよう、リスティング・ワイヤーをポケットに入れて歩いている社員が多いことがわかった。するとトイレに行ったり、仕事を終えて私服に着替えるとき、ポケットのワイヤーが邪魔になる。そこでポケットから引っ張り出して手近な場所に置いたり、あるいは捨ててしまったりするらしい。

実験を行った一カ月の間にナイト・アウルズが拾い集めた品物は、実際に無駄にされているもののほんの一部にすぎなかった。リスティング・ワイヤーの例と同様、従業員が帰りがけにごみ箱に放りこんでしまうものも多く、また、工場から持ち出されてそのまま戻ってこないものもあったからだ。たとえば、たまたまリスティング・ワイヤーをポケットに入れたまま工場から家に帰ろうとすると、車に乗ったところでワイヤーが尻に刺さってそのことに気づくだろう。するとおそらくその従業員は、ワイヤーをポケットから引っ張り出してダッシュボードや車の床に放り出したり、あるいは車から外へ捨ててしまったり、自宅のガレージの箱か何かに放りこんだりしてそのまま忘れてしまうのである。そうやって消えたものをすべて合わせると、毎日かなりの量のものが無駄にされていることになる。

一カ月にわたる実験期間が過ぎたとき、ナイト・アウルズは十分すぎるほどの証拠を握っていた。こうして彼らはフォーメック改善提案プログラムにアイデアを提出した。黄色の蛍光塗料で塗った箱（黄色ならば、工場の避難経路の矢印の色などと干渉しない）を工場内や出口に設置し、「ポケットを確認して、まだ使えるものがあればここに入れてください」と目立つように書いておく。そして各シフトの終わりに責任者や管理者が責任を持ってその箱を空にし、中のものをしかるべき場所に返す。このアイデアは採用され、コスト削減効果は年二万七〇〇〇ドルと評価された。

多様な刺激を生みだすには

社員に多様な刺激をもたらすために、企業には次の四つの戦略が可能であると我々は考えている。

❶ 刺激を創出し、社員に刺激を与える

企業は、刺激を識別し、全社員に多様な刺激をもたらすためにあらゆる手を尽くすべきだが、一方で、そういった努力がもたらす成果は努力の割に小さいということも理解しておくべきである。ゲストスピーカーを招いての講演といった特別行事や、大きな図書室、社員の興味を惹くニュースレターなどは、新しい考え方を促したり社内に活気をもたらしたりする可能性があるし、クリエイティビティを刺激する環境を必ずや作り出すことだろう。しかし、そのようなプログラムが改善やイノベーションに結びついた事例に出会ったことは一度もない。

問題は、ある刺激に対してある人物がどう反応するかを予測することができないこと——ある人に強い影響を与えたものに、別の人は見向きもしない点である。となれば、何をしたら効果があるか、企業に予想できるはずがない。低打率しか期待できないのだ。しかし、たとえばサバティカルのように制約のないプログラムなら、話はまた違ってくる。どんなテーマを研究するかを最終的に決めるのは社員自身なのだから、それだけ刺激を受けやすくなり、その刺激を仕事に結びつけやすくなる。ホールマークのデザイナーが民族性をテーマに研究をした結果、新しいグリーティング・カードやジュエリーの商品ラインが生まれた事例をご記憶だろうか。

❷多様な仕事を経験させる

我々は、サバティカル制度は有効な戦略だと考えている。だが、多くの企業では、せいぜい一度に数人程度の社員にしかそのような機会を与えられないだろう。全社員に多様な刺激をもたらすには、別のアプローチが必要だ。そして、そういったアプローチの基礎に置くべきものは仕事そのものである。結局のところ、クリエイティブな活動に発展する刺激の大部分はすでに職場に存在しており、全社員が仕事をしているのだ。できるだけ多くの社員に多くの刺激を与えるためには、社員の能力が許すかぎりさまざまな職種を経験させるべきなのである。別の部門に異動した社員が、前任者が気づかなかった刺激に気づく例は多い。

❸社外の人と接触する機会を与える

多様な刺激は、顧客から、あるいはその企業のために働くすべての人々からもたらされる。仕入れ先、卸売業者、フランチャイズ権を持つ販売業者、そして企業の製品に関連したサービスを独自に提供している人々。そういった人々はすべて、その企業のビジネスのいずれかの領域に精通しており、豊富な刺激をもたらしてくれるはずだ。どんな形であれ、社員がその人々と接する機会を提供すれば、それをきっかけにクリエイティブな活動が始まるかもしれない。ゼロックスの「カスタマー・ケア・デイ」制度は、顧客の苦情という刺激に自らさらされることを重役に義務づけた制度の一例である。

❹刺激を組織内に持ち帰る機会を与える

しかし刺激が存在していても、それに対して何の対応もなされなければ、企業にとっては刺激が存在しなかったも同然である。ＧＭの研究開発部長だったチャールズ・ケタリングは自分が受けた刺激を会社に持ち帰って活用するのが容易な立場にあった。しかし現実には、刺激を受ける人物はそれほど強い発言権を持たない社員である場合の方が多く、何らかの支援がなければその社員のアイデアに注目が集まることはない。

そこで企業は、たとえそれがその時点での懸案事項と関係ないアイデアだったとしても、そのアイデアを非公式な形で議論できる場を定期的に設ける必要がある。ジョンソン・コントロールのミシェール・ジョンソンが、放置されたナットやボルトの処理を考えはじめたとき、彼女には自然な形でそのアイデアを議論できる場が与えられていた——改善チームの次回のミーティングという絶好の場が。帝国ホテルのウェイターの場合には、週に一度のスタッフミーティングという、小耳にはさんだ会話やそれに秘められた可能性を検討できる場が用意されていたからこそ、ホテルの経営陣は彼のアイデアをビジネスに結びつけることができたのである。

第9章
⑥社内コミュニケーションを活性化する

Within-company communication

アメリカの大企業がイノベーションに失敗する第一の原因は、創意の衰退ではなく、コミュニケーションの欠如である。

ロバート・ローゼンフェルド&ジェニー・サーヴォ
コダック「オフィス・オブ・イノヴェーション」発案者

大企業で不足するもの

小規模な会社ではごく自然に存在する反面、大企業で発生しにくいものは数多くある。その中でも重要なものが、コーポレート・クリエイティビティの第六の要素「社内コミュニケーション」だ。企業というのはすべて計画された活動を遂行するものであり、それを支援するために必要なコミュニケーション・チャネルを確立しなければならない。ところが、企業内のクリエイティブな活動は、もともとその計画にはなかったものが大部分である。もし社内のコミュニケーションが確立されたチャネルを通してのみ行われ、またクリエイティブな活動につながる要素の存在を知る社員同士がコミュニケーションを取り合う関係になければ、そういった要素が結びつくことはありえない。

小さな企業で容易に存在できるものとは、まさに偶発的な情報交換であり、計画にない新しいプロジェクトが自然に発生するきっかけなのである。

企業の規模が大きくなるほど、将来のクリエイティブな活動の構成要素が企業内のどこかにすでに存在している可能性は高くなり、その企業が秘めるクリエイティブな力も成長する。しかし、偶発的な情報交換を支援する何らかの制度がなければ、その秘められた大きな力は発揮されないまま終わるだろう。そうなれば、クリエイティビティは小さな企業にしか存在しないものだという定説がまかり通ることになる。

偶発的な情報交換は、計画して開始されたクリエイティブな活動においても——ただしその活動に必要な構成要素を限定していない場合にのみ——重要な役割を果たす。クリエイティブな活動というのは、たとえ企業がその発生をぼんやりと予期していたとしても、波乱に満ちたプロセスとなることが多い。しかし、社内コミュニケーションがなければただの混乱状態となりがちなクリエイティブな活動も、円滑な社内コミュニケーションさえあれば、自ら秩序を持ち、着実に前へ進みはじめるのだ。ときには別の部署に所属する社員が、それぞれパズルのピースを一つずつ握っているようなこともあるだろう。お互いにそのことを認識できれば新たな何かが生まれる。その興味深い例として、３Ｍの「スコッチガード」の開発経緯を紹介しよう。

誰に情報を伝えるか

一九四四年、ペンシルバニア州立大学教授ジョゼフ・Ｈ・シモンズは、３Ｍに接触し、彼が開発したフルオロケミカル（フッ素化合物の総称）製造法の研究を継続するための資金提供を打診した。当時、フルオロケミカルは発見されたばかりの物質で、他の物質には見られない性質——そのころまでに存在が確認されたどの物質とも混合しない――を持つことだけは判明していたが、まだまだ未知の物質だった。他の物質と混合しないというのは、言い換えれば、フルオロケミカル同士の場合のみ交じり合い、またフルオロケミカルの中でなら生成できるということである。3Mの当時の会長ウィリアム・マクナイトもCEOのリチャード・カールトンも、ともにこのフルオロケミカルに強い関心を寄せ、何度かの交渉の末、3Mはシモンズの製法の使用権を買い取ることになった。こうして3Mの中央研究所内にフルオロケミカル研究グループが設置された。一九四九年には、3Mの研究予算の実に四分の一がこの研究に充てられていた。

製品化の可能性があるフルオロケミカルがまだ一つもなかったことを考えると、3Mは大きな賭けに出たと言えるだろう。経営陣がことあるごとにこの研究の継続を見直そうとしたとしても誰にも責められまい。しかし、この一風変わった化合物の何かが3Mの研究者や経営陣の好奇心をくすぐりつづけたのである。シモンズの、製法から副産物までもが研究されたが、やはり用途は見つからなかった。そのうえ、一ポンド★製造するのにおよそ四十ドルのコストがかかり、3Mの研究開発担当副社長チャールズ・ウォルトンは次のように述べた。

人類が知る有機化学薬品の中で最も高価といえるだろう。

一九四九年四月、取締役会を目前に控え、3Mがフルオロケミカルに大きな予算を割く理由に

★　重量単位。1ポンド＝約454グラム

ついて厳しい質問が浴びせられることを予想したカールトンは、フルオロケミカルの研究者全員を呼び集めた。そしてカールトンは、それぞれの研究者に三つの質問をした。

❶なぜフルオロケミカルの研究をしているのか
❷その研究を続けるべきだと思うか
❸実用的な製品にはどんなものがありそうか

この会議の数週間前に3Mに入社した当時の新人研究者、ヒュー・プライスはこのときのことを次のように回想している。

> 研究者はみなフルオロケミカルの研究に熱意を持って臨んでいたから、カールトン社長は、最初の二つの質問に対しては耳にタコができるほど同じ答えを聞かされた。しかし、フルオロケミカルを使って3Mはどんな製品を開発できるかという質問に対しては、大した情報を得られなかったはずだ……社長はあのとき、このプロジェクトが成功するか失敗するかを知りたかったわけではないのだろう。それでも、我々が全員、クリエイティブな研究者であることを確信し、我々が取り組んでいるフルオロケミカルがこれまでにない物質であり、大きな可能性を秘めたものであることはわかったはずだ。

ちょうどこのころ、フルオロケミカル研究グループが待ち望んでいた支援者が現れる。アメリカ空軍が、フッ素化合物を使ったジェット機向けのまったく新しい人工ゴムの開発を３Ｍに要請したのだ。

第二次世界大戦中に開発されたジェット・エンジンは、アメリカ空軍にとって大きな悩みの種だった。エンジン一機につき、一五〇〇個にのぼるゴム製のパッキンやホースが必要だったが、当時使われていたゴムでは、熱せられたジェット燃料にやられ、五十時間ともたなかったのだ。空軍は最高品質のゴムを使っていたが、それでもジェット燃料によって文字どおり食い荒らされてしまう。戦後、空軍は航空会社などに商業目的でも幅広く利用できるよう、ジェット機の実用化に力を入れていた。しかし、パッキンやホースが改良されないかぎり実用化は不可能だった。空軍との契約は金額的にも大きかった。ピーク時には、３Ｍのテトラフルオロエチレン研究費の半分が賄えたという。

そのころの３Ｍの研究者の中には、新しいフルオロケミカルの別の用途にすでに気づいている者もいた――紙や布地を油や水から守る防水・防濁加工剤としての利用法だ。フルオロケミカルは有機溶剤にも油にも溶けないため、フルオロケミカルを染みこませた素材は油をはじく可能性が見込まれていた。またフルオロケミカルは水にも溶けないので、コーヒーや紅茶、ソフトドリンクといった、水が主体の汚れもはじくと考えられた。このような防水・防濁効果を発揮した最初の製品は、クロミウム・ベースのフッ素化合物を主成分とするものだった。しかしこの製品の唯一の欠点は、それを染みこませたものがすべて緑色に染まってしまう点だった。当然のことながら、これでは市場が限られてしまう。もっと実用的な製品を開発しなければならない。一九五二年には、クロミウム化合物から緑の色素を取り除く研究に取り組みはじめていたが、成功の兆しは見えていなかった。

しかし、研究開始から九年が過ぎた一九五三年七月半ば、研究室で起きたある不運な出来事がその研究の将来を一変させた。

ジョアン・マリンは大学を卒業した一九五二年に3Mに入社し、空軍依頼のプロジェクトに配属された。ある日、マリンは、ポリパーフルオロブチル・アクリレート、略してポリFBAと呼ばれるフルオロケミカル・ゴムの成分のごく薄い懸濁液の粘性を検査していた。そして椅子から立ち上がり、ビーカーに入ったサンプル液をフラスコに移そうとしたとき、真新しいコットンのデッキシューズに液を三滴ほどこぼしてしまった。一番大きな染みでも直径五ミリほど、他の二つはそれよりもっと小さかった。ビーカーのサンプル液をフラスコに移し終えたあと、ティッシュを取って染みを拭き取ろうとしたが、すでに手遅れだった。液はすでに靴の布地に染みこんでしまっていた。その日、退勤するころには染みは乾いて見えなくなっていた。そしてマリンはそのまま染みのことは忘れてしまった。

週末になると靴を洗うマリンは、その土曜日、いつものように洗剤を溶かした水に靴を入れた。すると、あの染みがまた現れたのだ。水に濡れた布は、本来の薄い水色から濃い青色に変わった——サンプル液の染みの部分を残して。サンプル液がついた部分は、水が染み込まず、明るい水色のままだったのだ。マリンは我々に、もし一つでも条件が欠けていたら、3Mにとって転換点となったこの発見をすることもなかっただろうと話した。

もし立ち上がっていなかったら、靴にサンプル液がこぼれることはなかったと思います。おそらく座っていたベンチの上に落ちていたでしょう。もし靴が青い布製でなかったり、濡れると色が濃くなるような布地でなかったら、靴を洗ったとき、何も気づかなかったかもしれません。

七月二十日月曜日、マリンは、その出来事を同僚に話し、その染みは洗い落とせなかったと研究メモに記録している。他の研究室が、油や水をはじく加工剤の開発をしていること、またその研究が行き詰まっていることを知っていた彼女は、ひょっとするとその突破口を発見したのではないかと考えた。

この数年後にシリコンを使ったレインウェアが登場することになるのだが、一九五三年には、耐久性のある防水・防濁加工を布地に施せる薬剤は存在しなかった。ドライクリーニング店では、パラフィン・ワックスを使ったレインウェアの防水・防濁加工サービスを提供していたが、パラフィン・ワックスは簡単にはがれ落ちてしまい、また雨に濡れるとすぐに効果が失われるため、長時間水をはじくことはできなかった。三滴のサンプル液が示す可能性に気づいたマリンが興奮したのも無理はない。

サンプル液をこぼしてからの七カ月間は、マリンにとって辛い時期となった。自分のアイデアに注目してもらおうとしても、周囲は誰一人として関心を払わなかった。一カ月にわたって毎週末、例の靴を洗ったが、液のついた部分はやはり明るい水色のままだった。家庭用の強力な洗剤で何度洗っても、ポリFBAの水をはじく効果は弱まらなかったのだ。マリンは自分の発見を何度も同僚に話したが、誰も関心を示さない。八月十七日、液をこぼしてから一カ月後の彼女の研究メモには「五回、ごしごし洗濯しても、染みはまだ水をはじいている」その一週間後、八月二十四日には「染みはまだ水をはじく」と書かれ、そのあとに彼女の上司ジョージ・ラスマンが「ポリFBAをこぼした染み」と補足している。

マリンによると、ラスマンは研究室の中で唯一、彼女の話を真剣に受け止めてくれる人物だった。そしてラスマンの方でも、靴についた染みのことで何度も相談を受けたことをよく覚えているという。マリンはポリFBAの正式な実験を行いたいと思っていたが、自分が実験の要請をするよりも、ラスマンから要請した方が認められる可能性が高いと考えていた。そこで八月十七日の週、ラスマンは青いデニム地の切れ端を何枚かポリFBAの薄い溶液に浸して封筒に入れ、一階下のヒュー・プライスのオフィスに向かった。当時、新製品開発部門でフルオロケミカル製品化プロジェクトの主任に昇格していたプライスは、フルオロケミカル製品の開発を一任されており、布地用の防水・防濁加工剤の開発にも関心を持っていることをラスマンはよく知ってしていた。ラスマンは切れ端の入った封筒をプライスに渡し、それがいつか役に立つことになるだろうと告げた。そして、プライスのプロジェクトで防水・防濁効果を測定するテストを開発し、その切れ端をテストしてくれないかと提案した。プライスは同意し、ラスマンが帰ると、切れ端の入った封筒を引き出しにしまいこんだ。一方、マリンは測定結果が戻ってきたときに書きこめるよう、研究メモの一部を空白のまま空けておいた。

しかし、測定が行われたのは、それからかなりの時間が経過してからだった。フルオロケミカル製品化プロジェクトのメンバーは、誰一人としてポリFBAのテストに強い関心を示さなかった。すでにポリFBAのテストを行って水をはじく効果はないと判定していたからだ。しばらくして、ジョージ・ラスマンは好奇心からプライスのオフィスへまた出向き、ポリFBAには水をはじく性質があることは明らかだというのに、フルオロケミカル製品化プロジェクトでは効果がないと断定された根拠を尋ねた。その結果、次のような経緯だったことが判明した。ポリFBAを測定した研究者は、この物質は布地には絶対に染みこまないと確信していたため、ポリFBAを塗る前に、下塗り剤を塗布し、ポリFBAが吸着しやすいようにしていた。ところが、その研究者は見過ごしたらしいが、その下塗り剤が表面を破壊してしまったために、その布はポリFBAに限らずどんな薬剤も染みこまなくなっていた。

マリンとラスマンが切れ端の入った封筒をプライスに渡したあとも、マリンは六カ月間にわたって毎週、靴を洗いつづけたが、相変わらず染みは水をはじき、水に浸しても他の部分のように濃くなることはなかった。この件に関するマリンの研究メモは、一九五四年二月の記述を最後に終わっている。その月、マリンはラスマンに、デニム地の切れ端のテスト結果は戻ってきたかと尋ねた。するとラスマンは「しまった」とつぶやき、その場でヒュー・プライスに電話をかけ、ポリＦＢＡは君のプロジェクトにいる研究員が考えているより素晴らしい性質を持っているから、誰かテストしてみてくれないかと頼んだ。

マリンはこの時点で、３Ｍが自分のアイデアにまともに取り合おうとしていないと思い、熱意を失ってしまったという。そして別の仕事に移り、３Ｍの製品ラインのなかで、最大の利益を上げることになる防水・防濁剤の開発にはそれきり関わっていない。彼女が研究メモに残しておいたスペースが実験結果で埋まることは、最後までなかったのである。

ところが、フルオロケミカル製品化プロジェクトでは、ジョージ・ラスマンの電話が功を奏した。一九五四年三月、マリンが靴にサンプル液をこぼしてから七カ月後、ヒュー・プライスとビル・ピーターセンは、プライスのオフィスで、ピーターセンの次のプロジェクトについて相談していた。紙用の防水・防濁剤の開発はすでにフルオロケミカル製品化プロジェクトのメンバーが開始しているが、布用のものは誰も研究していないとプライスは指摘した。ピーターセンはその研究に関心を抱いた。そこでプライスはデニム地の切れ端が入ったあの封筒を取り出してピーターセンに手渡し、これのテストから始めてみるといいと提案した。

ピーターセンが最初にぶつかった壁は、布の耐油性を測定方法がまだ開発されていない現状だった。当時、耐水性を測定するための科学的なテストは存在していたが、耐油性の測定法としては、油を布に垂らし、それをはじいたか吸収したかを観察するというお粗末な方法しか存在しなかった。まずは耐油性を測定する客観的・定量的テストを開発しなくてはならない。そういったテストがあれば、研究が正しい方向へ進んでいるのかどうか、研究者が明確に判断することができるようになる。ピーターセンは初歩的な耐油性テストを開発すると、他の測定方法も併用しながら、ラスマンとマリンの切れ端を測定した。その結果、ピーターセンはポリＦＢＡに抜群の防水・防濁効果があるという報告書を提出し、これをきっかけに３Ｍの研究方針は一変した。

製品を緑色に変えてしまうクロミウムベースの防水・防濁剤開発は、一夜にして中止された。３Ｍは、普通の化合物ではなく、ポリＦＢＡのようなポリマー（分子の長い鎖）から布地向けの加工剤を開発する方針を固め、最終的にはこれが実を結ぶことになった。マリンがポリＦＢＡ溶剤を靴にこぼしてから一年後、３Ｍは市販できる布地用加工剤の研究開発を急ピッチで開始した。ポリＦＢＡを使えば、溶剤――新しいフルオロケミカル溶剤――に布を浸して加工する方法が採用できる。溶剤に浸す加工方式は、フルオロケミカルを塗布する方法としては最も安価で処理が楽だった。しかし、３Ｍが現実の顧客――繊維工場や消費者――のニーズを調査してみると、ポリＦＢＡそのものは求められていないことが判明した。また、あとになってわかったことだが、ポリＦＢＡは、ジェット・エンジン用の人工ゴムとしても適さなかった。ポリＦＢＡは、開発の方向性を示す重要な役割は果たしたが、そのものを実用化することは諦めるしかなかったのだ。ジョージ・ラスマンはこう語っている。

ポリFBAは、あとから考えればプロトタイプにすぎなかった。もちろん、将来の成功を予感させるプロトタイプだったが、商業的な観点から見て、ポリFBAには文字どおり何の利点もなかったのだ。

正式なプロジェクトとして承認されると、長期にわたって熱心な研究が行われることになった。数多くの研究者が携わり、数百種類もの化合物がテストされた。3Mの化学者、パッツィー・シャーマンとサミュエル・スミスは、最終的にスコッチガードの製品ラインにつながるポリマー研究のパイオニアとして、「カールトン・ソサエティ（3Mのエリート開発者の会）」に入会を許された。しかし、スコッチガード発売までには、数多くの難問が待ちかまえていた。素晴らしい防水・防濁効果を発揮した化合物が発見されても、製品化するにはコストが見合わず断念せざるを得なかった。また、油ははじくが水は吸収してしまうものもあれば、完璧な効果を発揮していても洗濯するとその性質が弱まってしまうものもあった。パッツィー・シャーマンはこうコメントしている。

あの時期は辛かった。完成する日は絶対に来ないだろうと思うこともあった。望ましい性質をすべて備え、しかも消費者の手の届く価格で製造できる製品を開発するのは無理だと感じていた。

しかし、シャーマンやスミスをはじめとする研究者は、繊維とポリマーの相互作用についての理解を深めるにつれ、要件をすべて満たす配合に一歩一歩近づいていった。一九五六年、３Ｍは、そのころ主流だった繊維、ウール用の加工剤を発売した。しかし発売直後の四年間、スコッチガード製品の主な市場はオーストラリアで、売上は年二十五万ドル程度に停滞した。最初の実用的な製品が発売されたのは一九六〇年になってからのことである。さらに一九六〇年代半ばにはパーマネント・プレス加工を施された布（さまざまな化学薬品を使ってあらかじめ特殊加工された布）が登場し、３Ｍはまったく新しい加工剤の開発の必要に迫られた。シャーマンとスミスはふたたびチームを組み、ビル・ピーターセンが「スコッチガード防水・防濁剤開発プロジェクト史上最強コンビ」と評した二人のチームワークで、新しい素材に残された数多くの問題を乗り越えた。

現在、スコッチガードはごく日常的に使われている製品であり、存在することがあたりまえにさえなっている。しかし、非公式なプロジェクトだった時期に、必要な要素――ジョアン・マリンの頑固さ、ジョージ・ラスマンの封筒に詰めた切れ端、ヒュー・プライスの部下に対する控え目とも言える指示、ビル・ピーターセンの新たな研究領域に対する熱意――が偶発的なコミュニケーションによって一つに結び合わされていなかったら、この偉大なる技術の開発は、そもそも開始さえされなかったかもしれない。

自発的で非公式なコミュニケーション

スコッチガード開発が非公式プロジェクトだったころ、核となる要素を一つにつないだコミュニケーションはどれも、顔見知りであり、互いの仕事の内容を把握していた二人の間で交わされたものだった。しかもこの二人は、ミネソタ州セントポールにある３Ｍの研究開発施設の同じビル内に勤務していた。この事例からもわかるように、既知の関係であり、しかもすぐ近くに勤務している社員同士であっても、クリエイティブな活動に結びつけるのに絶好のタイミングと方法でアイデアや専門知識を互いに伝え合うことが難しいことも多い。

互いに相手を知らない社員同士となると、コミュニケーションはさらに困難を極めるだろう。大企業が自社内に秘められた膨大なクリエイティビティを活用するには、この種の社内コミュニケーションの促進が必須となる。

企業の規模が大きくなればなるほど、偶発的なコミュニケーションを阻む障害も大きくなる。我々が調査した中にも、偶発的なコミュニケーションの重要性を認識し、これを直接管理する努力を始めている企業もあった。そういった努力は確かに有効だ。しかし、それがコミュニケーション問題を解決する解答であると信じたがために、真に力を持つもの――自発的で非公式な社内ネットワーク――から社員の関心を逸らしてしまえば、企業のその努力がかえって悪影響を及ぼす結果にもなりかねない。クリエイティビティの発掘に絶対に欠かせない偶発的な社内コミュニケーションの大部分は、そういったネットワークを通して発生するものなのだから。

縁結び——コダックの3Dカメラ復活劇

社内ネットワークがクリエイティブな活動に結びついた事例を紹介しよう。一九八〇年代のコダックでの事例である。コダックのイノベーション・センターは、軽くひと押ししただけで、別々の時期に、別々の部門で、別々の形で3D写真に興味を抱いた社員の非公式ネットワークを誕生させた。その結果、まったく計画になかった、素晴らしい成功をおさめることになる製品ラインが開発されたのである。

アメリカ国内に五万人、世界中に十万人の社員を擁するコダックは、世界で最も大規模な企業の一つである。この事例の主役たち——バド・テイラー、ローランド・シンドラー、スコット・チェイス——はみな、コダックの本社があるニューヨーク州ロチェスター周辺に勤務していたが、別の場所の別の部門に所属していた。互いの存在は知らなかったものの、三人には共通点があった。3D写真のアイデアを温めて、同僚に関心を持ってもらおうと努めた経験があったのだ。

一九八五年の時点で、3D写真を大きなビジネス・チャンスととらえていた企業は一社もなかった。3D写真は、相手によって時代遅れと見られるか、時代を先取りしすぎていると認識されるかの両極端という不思議な欠点を抱えていた。この一世紀半も前の一八三八年、イギリスの科学者サー・チャールズ・ウィートストーンが「立体鏡」を発表した。それから十年も経たぬうちに立体鏡は広く普及し、一八五〇年から一九五〇年の一〇〇年間に何百万枚という立体写真カードが生産された。熱狂的なファンは、立体写真を見ていると、まるでその場所にいるような錯覚さえ起こすと公言していた。しかし、一九八〇年代半ばには、立体写真カード——コダック自身が制作したものも含めて——は、とうの昔にコレクターズ・アイテムになっていた。3D写真の目指す場所は——そもそも未来があると仮定しての話だが——一五〇年近くも以前のテクノロジーの焼き直しではなく、生まれたばかりのホログラフィーの世界にあるように思われた。

悲運をたどることになったディスク・カメラ（ロール形式のフィルムではなく、円形のディスクにフィルムが並んだもの）の開発に携わっていたコダックのエンジニア、バド・テイラーは、子どもたちを連れ、ロチェスター市内で開かれたフリーマーケットに出かけた。そこで偶然、アンティークの立体写真カードと立体鏡を手に取る。テイラーと子どもたちは何枚かカードを買い、夢中になって見入った。そしてテイラーは、3Dフィルムで家族写真を撮ってみようと考えた。

会社から持ち帰ったディスク・カメラ二台を人間の両目の距離に相当する六十五ミリの間隔に設置し、同時に撮影するという簡易3Dカメラを自作した。そのカメラで撮った二枚の写真を厚紙のカードに糊づけし、二枚の映像をそれぞれ片目ずつに送るビューワーを使って眺めた。ディスク・カメラ向け3D写真撮影用三脚の開発をしたいと申し出たら、会社は許可してくれるだろうかと考えながら、テイラーは手作りの3D写真カードを職場に持っていき、同僚に見せた。彼が所属する部門の部長はそのカードを見て感心し、そのころコダックに「オフィス・オブ・イノベーション」制度が導入されたことをテイラーに教えた——3D写真カメラのアイデアを提出してみたらどうだろうと。

コダックのイノベーション・センター創設の目的は、社員の仕事内容に直接の関係がなく、したがっていわば「ホームレス」の状態にある優れたアイデアの行き場を作り、より多くのアイデアを社員から引き出すことにあった。新しい製品やサービス、テクノロジー、マーケティング・コンセプトのアイデアを思いついたら、それをイノベーション・センターに提出するよう奨励されていたのだ。

一九八四年春、テイラーは部長の助言に従って、コダックのディスク・カメラを二台固定できる特製フレームの詳細な設計図を添付した提案書をイノベーション・センターに提出した。その他にもスケッチ数枚と、鏡に映ったテイラー自身を撮影した3D写真のサンプルも添付した。

イノベーション・センターは、研究資金として五〇〇〇ドルをテイラーに与えた。ここで重要なのはそれだけではない。他にも3Dに興味を抱いている社員がいることを教えたのだ。具体的には社員のビル・バーナムに連絡を取ってみることを勧めたのである。3D写真に情熱を傾ける発明家として社内では有名だったバーナムは、古参の社員であること、3Dに並々ならぬ関心を抱いていたことなどから、3Dに興味を持つ社員同士の非公式ネットワークにおけるキーパーソンと目されていた。バーナムをはじめ、目に見えない糸で結ばれたネットワークのメンバーは、互いの研究の進行に注意を払い、興味深い進展があればその情報を伝えるなどして協力しあっていた。コダック内ではこの非公式ネットワークはよく知られており、３Ｄに関するアイデアを思いついた社員がいると、そのアイデアはこのネットワークのメンバーの誰かに伝えられ、非公式な形でその将来性が評価された。一九八四年度には、テイラーのアイデアの他にも、もう一つ、この３Ｄコミュニティに転送されたアイデアがあった。ローランド・シンドラーの３Ｄビデオのコンセプトだ。

当時、シンドラーはコダックのエンジニアリング＆イメージング・サイエンス研修所に勤務していた。コダックに入社する以前は、モトローラでテレビのデザイナーをしていたという。そして、本人曰く「画面から映像が飛び出してくる興奮を味わえる」３Ｄテレビの将来性に、かなり前から強い関心を抱いていた。コダックに入社してからも、３Ｄテレビの実験を行いながら、同僚たちの関心を誘おうと努めていた。一九八四年、自分のアイデアをイノベーション・センターに提出し、センターからは二〇〇〇ドルの研究資金を与えられた。イノベーション・センターは資金を提供するとともに、ビル・バーナムをはじめ、非公式３Ｄコミュニティのメンバーと話をしてみるようシンドラーにも勧めた。

一方、一九八五年六月、テイラーは、イノベーション・センターが主催する技術見本市「テック・フェア」に出品するための３Ｄカメラの試作品を準備していた。テック・フェアは、この年を皮切りに毎年三日間にわたって開催される定例行事となるが、他の社員のアイデアに各部署の管理者やエンジニアの目に触れる機会を提供して、「ホーム」を探す支援をすることを目的としていた。テイラーは、まさに3Dカメラ開発の社内スポンサーを見つけようと、テック・フェアへの出品を決めていたのだ。しかし、三日間とも、3Dカメラに強い関心を示す社員はいなかった。

ところが、フェアの閉会時間直前のことだった。テイラーが展示品を片づけかけたとき、彼のブースに最後に足を運んだ人物が幸運をもたらした。その人物は偶然にも、コダックのコンシューマー・システム部門のマーケティング部長だった。彼はテイラーの3Dカメラに感心し、一万五〇〇〇ドルの予算を投じてマーケティング・リサーチを行うことに同意した。

この調査は、二つの大都市のショッピングモールを訪れた買い物客に2D写真と3D写真を見せ、アンケートに答えてもらうという形で行われた。その結果、のちに新製品のセールスポイントとなるヒントが得られた。アンケート回答者が2D写真を見ている時間より、3D写真に目を注いでいる時間の方が、平均約三〇%も長かった。しかし全体としては、このマーケット・リサーチは、コダックが3Dにそれ以上の興味を抱くきっかけにはならなかった。おそらくその理由は、四〇〇ドル程度の3Dカメラを発売した場合、消費者は購買意欲をそそられるかどうか——ほとんどの消費者が買わないだろうと答えた——に調査の主眼が置かれていたからであろう。マーケット・リサーチ担当者は、不幸にも的外れの質問をしていたのである。その結果、3Dの将来は暗いと判断されてしまった。

そのころ、また別の場所の別の部門で、三人目のコダック員が3Dイメージの実験を重ねていた。

物理工学と電子工学の学士号を取得したばかりで、レーザーやホログラフィーを得意とする新入社員チェイスだ。彼は、テイラーやシンドラーより二十歳近くも若かった。コダック内では光ディスク・テクノロジーに関連した仕事をしていたが、ホログラフィーの開発研究を続けており、中でもマルチプレックス・ホログラムに強い関心を抱いていた。マルチプレックス・ホログラムとは、同じ被写体をさまざまな角度から撮影した多数の細いホログラムを同時に投影する技術である。一つ一つのホログラムの幅はわずか一ミリほどで、それを並べて同時に投影すると、それを見る人の両目にそれぞれ四つから五つの異なったホログラムが映り、立体物を見ているような印象を与える。

チェイスはこのマルチプレックス・ホログラムに好奇心を刺激され、自分の手でこの種のホログラムが作れないものかと考え、週末や退社後の時間を割いて研究を始めた。やがてマルチプレックス・ホログラム撮影用カメラの試作品が完成した。そのカメラには四十個のレンズが並び、全体の長さは三十センチもあった――チェイスは「世界最大のポケット・カメラ」と呼んだ。小型化のため、ホログラムを構成する画像の数を減らせないかと考えたチェイスは、コダックの数学者に相談した。すると数学者は、四十種類の角度からではなく、二種類か三種類の角度から画像を撮影し、その画像をもとに四十枚の画像を作ればいいと提案した。

一九八六年春、チェイスは自分のアイデアをイノベーション・センターに提出した。センターのまとめ役の一人、ロジャー・キンメルは、自らチェイスの研究の様子を確かめに訪れ、チェイスは二〇〇〇ドルの備品・材料購入費を与えられることになった。その後数年にわたってチェイスは非公式に研究を続け、この間にさらに二つの3D画像関連のアイデアをイノベーション・センターに提出している。

そのころバド・テイラーのもとに、非公式3Dネットワークを通じてテイラーの存在を知ったコダックのイギリス支社の研究開発部長から連絡がきた。テイラーの興味を惹きそうなものがロンドンにあると知らせてきたのだ。ロンドン支社にもイノベーション・センターが設置されており、社内のみならず社外から持ちこまれるアイデアも積極的に受け入れていた。テイラーは、イギリス人の発明家グラハム・ストリートが「レンティキュラー（微小凸レンズ）」3D写真のアイデアをロンドンのイノベーション・センターに提出していたことを知る。

その直後、ロジャー・キンメルが偶然にもロンドンに出張に出かけた。キンメルはイギリスに行ったついでにストリートの3D写真を一枚購入し、持ち帰った。それは、ビューワーを使わずに直接肉眼で見ることのできる、ミッキーマウスのフルカラー3D写真だった。秘密は写真の表面にあった。ビューワーが、いや、正確に言えば無数のビューワー――数百個の小さなレンズ――が写真の表面に組みこまれ、その下に貼られた絵柄の異なったイメージを人間の両目に直接投射する仕組みだった。この画像を見た瞬間、テイラーは腰を抜かしそうになった。画像はまさに3Dだった――手前に飛び出して見えるもの、背景に平らに見えるもの。しかし、ストリートの製法をよくよく検討してみた結果、商品化できる代物ではないことがすぐにわかった。とはいえ、この鮮やかな画像を目にしたことをきっかけにテイラーは、ビューワーのいらない3D写真には将来性があるのではないかと考えるようになる。このとき彼は、コダックにおける3Dの未来に、それまでにない明るい展望を抱いていた。

一九九〇年八月、些細な、だがのちに深い意義を持つことになる出来事が起きる。イノベーション・センターがバド・テイラー、ローランド・シンドラー、スコット・チェイスに接触し、三人で集まってみてはどうかと提案したのだ。三人は3Dに並々ならぬ関心を抱いていたが、共通点はそれだけだった。チェイスはホログラフィー、シンドラーはビデオ、テイラーは3Dカメラと、研究対象はばらばらだったのだから。しかし、会合は成功だった。三人は意気投合し、協力して研究を進めることになった。

第一段階として、3D画像の将来性を幅広く調査してみようということになった。そのためには資金を提供してくれる部門を探さなくてはならない。三人は社内の各部門を回り、関心を持ちそうな人物に片端から電話をかけ、その間に多くの会合を重ねた。しかし残念ながら、新しいコンセプトを売りこむのに適した時期ではなかった。

コダックは、それから八年間にわたって続く、痛みを伴ったリストラとダウンサイジングを決行しようとしていた。業務拡大路線を捨て、核となるビジネスだけに焦点を絞り、それからの四年間でほぼ三分の一に当たる社員が解雇されたり、早期退職を勧告されたりした。このころのコダック内には不安と経費削減ムードが満ちており、三人の新しいアイデアを支援しようと手を挙げる人物が一人もいなかったのも無理はない。

一九九〇年十月になっても、三人はまだ支援者を探していた。しかし、三人は会社という体制と闘うことにうんざりしていた。プロジェクトを成功させるには、社内で大きな発言力を持つ人物の支援が是非とも必要だとすでに悟っていた。言い換えれば、パトロンが必要だったのだ。熟考を重ねた結果、ブラッド・パクストンに狙いを定めた。パクストンは、当時コダックのサーマル・イメージング部長を務めており、まさに望みどおりの人物だったのである。社内的にも三人を支援できる高い地位にあり、そのうえ、シンドラーがインストラククーをしていたころに何度かクラスに参加していたことを考えると、パクストンが3Dに興味を持つのは間違いなかった。

一九九〇年十二月、シンドラーとテイラーがパクストンに会いに行った。イノベーション・センターのロジャー・キンメルとゲイル・ホッファーバートの二人も、三人のスポンサー探しに協力しようと同席した。二人がプレゼンテーションを始めてから十分経ったとき、パクストンが二人を遮っていった。

「ちょっといいかね。君たち二人のことはよく知っているが、会社の資金繰りや新製品の必要性を考えると、そのアイデアに説得力があるとはとても思えないよ。一年間、じっと座って壁紙を見ているためだけに研究費が下りると思ったら、大間違いだ」

雲行きが怪しいことを悟った二人は、プレゼンテーションの内容を検討し直したいと考え、少し休憩させてくれとパクストンに言った。このとき、コーヒーを飲みにカフェテリアへ向かう途中で、ロンドンでストリートから購入したミッキーマウスの3Dイメージをまだ持っていることを思い出したキンメルは、あれを見せれば話がうまく進むかもしれないと思い、オフィスに取りに戻った。

会議が再開されると、テイラーはグラハム・ストリートが制作した3Dイメージをパクストンに見せながら尋ねた。

「これをどう思われますか？　この手のものなら、コダックの既存のテクノロジーを使って作れますが」パクストンはじっとそのイメージに見入ってからこう答えた。

「九十日以内に作れたら、支援しよう。だが、九十日後には必ず結果を出してくれよ」

決定は下された。三人は、一九三〇年代にコダックが開発し、ごく最近になってグラハム・ストリートの作品を通じて彼らの関心を引いた、レンティキュラー・テクノロジーの実用化に取り組むことになったのだ。

十万ドルの研究費を捻出するというパクストンの約束を武器に、三人はコンシューマー・イメージング部門のある管理者からさらに五万ドルの研究費を獲得した。一九九一年一月、イノベーション・センターがシンドラー、テイラー、チェイスの三人の縁結びの役割を果たしてから四カ月後、そしてテイラーが初めてアイデアを提出してから七年後、プロジェクトはついに正式の承認を得た。

しばらくの間、最年少のチェイスは、光ディスク・テクノロジーの仕事と新しいプロジェクトを同時進行させようと努力した。しかしまもなく、どちらかに絞らなければ二つとも中途半端になると気づいた彼は、不本意ながら新プロジェクトから手を引いた。テイラーとシンドラーは、コダック所有の改装中のビル内に空室を見つけてそこに仮のプロジェクト本部を置き、机を数脚と電話を一台社内からかき集め、研究に着手した。

勝負の三カ月間に、数多くの事件が起きた。二人は期限までに試作品を完成させるという重圧を強烈に感じていたが、開発資金は十分とは言えない。しぶしぶながらもパクストンとの約束を守り、コダックの既存テクノロジーをできるかぎり活用するしかなかった。二人は主としてコダックが開発済みのソフトウェアを使い、また、まだ開発されていない装置を比較的低予算で新たに考案するために、非公式3Dコミュニティを通じて定年退職した研究者の協力をあおいだ。シンドラーによれば、プロジェクトに協力した人々のざっと九割は、無償で時間を割いてくれたという。

一九九一年四月十六日、デッドラインを一日過ぎたが、二人は3Dイメージング・システムのプロトタイプを完成させ、それを使って、社内に売り込むのに最強のツール――ミッキーマウスを中心に、うしろにミニーマウスとプルートがくっきりと映っている3D写真――を制作した。この作品が強いインパクトを持っていた最大の理由は、古くからディズニーがコダックの上得意だったことだ。そのイメージが鍵となり、二人の行く手を遮っていたコダック内の扉は次々と開かれた。直ちに一〇〇万ドルの研究費が認可された。

一九九二年秋、二人はドイツのケルンで開かれた世界最大の写真ビジネス・ショー「フォトキナ」で新テクノロジーを披露し、センセーションを巻き起こす。シンドラーとテイラーのもとには、世界中のラジオ局や新聞社からひっきりなしに取材の電話が舞いこんだ。そしてビジネス・ショーの数カ月後の一九九二年十二月、最初の注文が入った。大手デパートJ・C・ペニーが、店内の宝飾品売り場に展示する宝石の3D写真を依頼してきたのだ。3Dの看板の力が2Dのものより顧客の注目度がはるかに高いという噂が小売業界に広まると、テイラーとシンドラーが開発した3Dイメージング・テクノロジーは、文字どおり大成功をおさめた。

一九九二年以降、レンティキュラー・テクノロジーを使って深度を演出したイメージを作る他に、二人は（新たに結成されたプロジェクト・チームとともに）さらに世間の注目を集める映像技術の開発にも成功した。その前を通り過ぎるにつれて絵柄が変わる写真である。この開発によりコダックは、たとえば、前を通るとシャンペンのボトルからコルクが飛び出すとか、モデルが飲み物を飲んでいるように見えるとか、コカコーラの缶がスプライトの缶に姿を変えるというように、絵柄が動いて見える広告を提供できるようになった。

一九九七年までに、コダックの新しいダイナミック・イメージング部門は、店頭広告市場で推定一五〇億ドルの売上を誇るまでに成長した。コダックにとって、非常に収益性の高い新ビジネスが生まれたのだ。それにしても、別々の場所に勤務していたバド・テイラー（早期退職を迫られるかどうかの瀬戸際にいた人物）とローランド・シンドラー（コダックで十五年もの間、技術研修を担当していた）、それにスコット・チェイス（大学を出たばかりの新入社員）の三人が新しいビジネスを生み出すと、誰が予想できただろう。

アイデアの背中を押す

我々の知るかぎりでは、一九七八年にオフィス・オブ・イノベーションを設置したコダックは、世界で初めてこのような部門を設けた企業である。それ以来、他にこういった部門を設けたのはデュポン、ヘキスト・セラニーズ、ダウ・ケミカル、ポラロイドなど、ほんの一握りの企業だけだった。こういったイノベーション・センターの力が最大限に発揮されるのは、コダックの3Dイメージングの事例にも見られるように、センターが目に留まった活動に勢いを与え、さらに、思いがけない方向へとその活動をそっと押しやるような場合である。軽く背中を押すだけで、生まれたばかりのクリエイティブな活動に大きな推進力を与えることができるのだ。

ローランド・シンドラーは、イノベーション・センターのまとめ役ゲイル・ホッファーバートがときおり電話をかけてきては研究の進み具合を尋ねたり、励ましてくれたりしたことに勇気づけられたと話していた。我々はホッファーバートにその電話のことを尋ねてみた。するとその意図を説明してくれた。

あのプロジェクトの初期段階では、提案者とともにアイデアに対する責任を分かち合いたいと考えていました。何度も電話をかけたのには、彼らに自分のアイデアのことを思い出してもらい、私たちもそのことを気にかけていると知ってもらおうと、「軽くつつく」意図があったのです。

３Ｄイメージングの事例は、イノベーション・センターの最も優れた面が表れた好例だ。しかし現実には、イノベーション・センターがクリエイティブな活動を促した実績はあまりにも少ない。ビジネス界の日々の重圧にさらされ、イノベーション・センターは「軽い一押し」を超えたアプローチをとり、じかにアイデアを管理したい誘惑に駆られるものだ。そのうえ、その誘惑に負けたイノベーション・センターがホームレスのアイデアに「ホーム」を見つけてやる努力をするのではなく、勝者と敗者を選ぶ立場に自らを置くようになると、よい影響を与えるどころか、害悪にすらなりえる。

だが、「軽いひと押し」に徹してさえいれば、イノベーション・センターはコーポレート・クリエイティビティの不可欠な要素の種を撒くことができる——自発的な活動、非公式な活動、多様な刺激、そして何もなければ決して互いを知ることはなかったかもしれない社員同士の縁結びをするコミュニケーション。３Ｄイメージングの事例におけるコダックのイノベーション・センターは、三人の発案者を支援し、社内の各部門がそのアイデアに関心を払う機会を作ることだけに徹したのだ。

間接的なコミュニケーション

日本の大企業は総じて、コーポレート・クリエイティビティの要素の一つ、社内コミュニケーションを巧みに促進している。この事実は、ある傾向を説明するものだと我々は考えている。その傾向とは、日本のクリエイティブな活動の大部分が大企業で発生しているというものだ。この現象についてはより念入りな研究が行われ、理解されるようになる日がいつか来るだろう。日本の大企業は、クリエイティビティの育成に不可欠な偶発的なコミュニケーションを促すため、多くの対策を講じている。

たとえば、大卒新入社員は、どの企業でも一般的に行われるような新人研修を受け、入社から退職するまでの間、定期的に多様な部門に異動する。これによって企業は、会社の活動に関する基本的な事項を新人に理解させ、その後、長い時間をかけて社内の各部署の社員とのネットワークを築くよう仕向けているのだ。その結果、何らかの情報が必要になったとき、社員は誰に聞くのが一番かすでに知っている可能性が高くなり、また気兼ねすることなくその社員に情報を求めることができ、その結果、有益な情報を手にする可能性も高くなる。

人的ネットワークを拡げる——ＪＲ東日本の人事

日本の大企業の新人研修の一例として、世界最大の鉄道会社ＪＲ東日本の新入社員の体験例を見てみよう。このＪＲ社員（ここではＷと呼ぶこととする）は東京工業大学で修士号を取得したあと、一九八八年ＪＲに入社した。

入社直後から、他の大卒社員と同様、八カ月にわたるフル・タイムの新人研修を受けた。新人研修では、初めの三週間でＪＲ社史を学ぶ。また、現在のＪＲの業務内容や、組織構造、経営方針なども併せて紹介される。次の数カ月間には、多数の部署で実地研修が行われた。Ｗの最初の研修は、都内で最も利用者の多い駅で、常勤社員の指導を受けながらの入鋏業務だった。その後、操車場での保守作業、車掌助手、保線作業などの仕事を経験した。プラットフォームの「プッシャー」、つまりラッシュアワーの電車に乗客を押しこむ仕事までも体験したという。

こうして八カ月にわたる教育と実地研修が終わると、ようやく最初の正式な配属先が決定した——新事業部である。ここでＷは新規事業に関するマーケット・リサーチを担当した。十一カ月後、Ｗは人事部に異動になり、自らもほんの二年前に受けたばかりの新人研修の責任者を任された。ここまでは、他の同期とさくに変わったところはなかった。しかし、次の異動は少し違っていた。

ＪＲでは、ほんの一握りの社員に海外研修を受けさせているが、Ｗもその一人に選ばれたのだ。

Wの場合、研修先はアメリカだった。カーネギー・メロン大学で二年間勉学に励み、MBAを取得した。この留学と、異動の間隔の短さ、異動先の多様さは、JR社内でWが高く評価されていたことを示している。JR入社から八年後、日本に戻ってきたWは、JR東日本のフラッグシップ的存在であり最大の駅である、東京駅の駅長補佐に任命された。Wがこの先、広い人的ネットワークと広範囲にわたるJRの業務についての知識をどのように活かしていくのか、我々にはわからないが、そういったネットワークや知識は、退職するときまで、彼やJR東日本にとっての大きな財産となるだろう。

旧式のコミュニケーション――イトーヨーカドーの会議

日本の大企業は、JR東日本のような新人研修以外にも、社内コミュニケーションを強化するための努力をしている。世界三大小売会社の一つ（他の二つはシアーズ・ローバックとウォルマート・ストアズ）イトーヨーカドーの例を見てみよう。西欧諸国では、コンビニエンス・ストア・チェーンのセブン・イレブンの大株主としてよく知られている。何年も前から、イトーヨーカドーと言えば小売業界の情報テクノロジーのリーダーというイメージが定着している。一九八二年、セブン・イレブンは日本で初めて全店にPOSシステムを導入し、どの商品が売れ、どの商品が売れていないかを瞬時に把握できる体制を整えた。一九八五年十一月には、イトーヨーカドーも全店にPOSシステムを導入し、全国の店舗から、六〇〇〇種類以上の商品についての情報をリアルタイムに受けとることができるようになった。驚いたことに、イトーヨーカドーはそういった最新情報テクノロジーのリーダー的存在でありながら、同時に別の種類の社内コミュニケーション――旧式なコミュニケーション――を円滑にするために、多額の予算を投じている。

毎週水曜日、一六〇店近くある各店舗の店長が東京本社に集合し、一日がかりの会議を行う。午前中は全員が講堂に集まって社長をはじめとする幹部の話を聞き、午後は地区ごとに分かれて商品や販売計画、マーケティング、販売実績などについて情報交換をする。水曜日は、本社が最も忙しい曜日だ。店長会議の他にも、全国の店舗から選ばれた主任が東京に集まり、こちらも一日がかりで会議を行うからである。主任会議は、店舗の各フロアと東京本社の間に、直接的なコミュニケーションを確立するために開かれている。午前中の前半は店長らと同じ講堂で社長はじめ幹部の話を聞く。午前中の後半は、本社のバイヤーが行う、商品や市場のトレンドなどについてのプレゼンテーションに耳を傾ける。午後になると、担当する商品ごとに分かれ、市場のトレンドについて自分なりの見通しを各自発表する。

また火曜日には、イトーヨーカドーグループの全部門、全社の計一三〇名ほどの幹部がCEOと会議を開き、現在の問題点を話し合い、その解決法を探る。こうした週次の「業務革新会議」は、一九八二年に初めて召集され、これまでにのべ六〇〇回以上行われてきた。だが、社内コミュニケーションを円滑にするためのイトーヨーカドーの努力はこれだけではない。イトーヨーカドー全店で、毎日、各部課長が販売員を集めて会議をし、販売情報や販売テクニックを話し合い、その日の販売目標を定めている。そして半期に一度、八五〇〇人ほどの管理者が横浜アリーナに集合し、全社の経営方針や販売戦略などの説明を受けるのだ。

イトーヨーカドーでは、こういった日ごと、週ごと、半期ごとの会議全体に、売上の三％に当たる予算を投じている。我々が訪問した際、ある役員に、社内コミュニケーションを円滑にするためにそれだけの金額を費やす根拠はどこにありますかと尋ねてみた。答えは興味深いものだった。その費用に正当な根拠を与えようとした者はこれまでに一人もいない、なぜなら、そのような費用を正当化する必要はないと考えているからだ、と。そして、そういった会議がきっかけで始まったクリエイティブな活動をいちいち並べ挙げる必要を感じた者も誰もいない、と。

社内コミュニケーションを活性化するには

企業の社員は互いに依存しあいながら仕事を進めているものであり、その社員同士のコミュニケーションを円滑にするために、どの企業も何らかの努力をしている。

だが、大部分の企業は、通常なら一緒に仕事をすることがない社員間の偶発的なコミュニケーションの重要性を見過ごしてしまっている。そういった偶発的なコミュニケーションから、しばしば予期せぬクリエイティブな活動が生まれているのにもかかわらずである。偶発的な社内コミュニケーションを促進するには、次のような三つの方法がある。

❶仕事をする機会のない社員同士が出会う機会を作る

通常なら出会うことのない社員同士を会わせるには、いろいろな方法が考えられる。イトーヨーカドーでは、週に一度、全国の店長が本社に集まる。コダックの「テック・フェア」は社内の他の部署でのクリエイティブな活動を知る機会を社員に与え、オフィス・オブ・イノベーション（その後、ワールドワイド・イノベーション・ネットワークと改称）は、同じ対象に関心を抱いている社員同士の縁結びをしている。一つでもヒット商品が飛び出せば（たとえば3Dイメージングのように）、そういった活動への投資分はすぐに取り返せる。

❷全社員が会社の業務を十分理解できるような仕組みを作る

しかし、コーポレート・クリエイティビティに関連する他の領域と同様、計画された活動が計画外の場所へ企業を導くことはない。真に効果をもたらすのは、全社員に会社の活動について十分な知識を与えることを通じて、企業が持つ人的資源や専門知識を最大限に活用できる下地を整える努力である。自分の会社について深く知れば知るほど、社員が人間関係の幅を広げ、クリエイティブな活動に必要な情報を入手できる可能性は高くなる。本章でＪＲ東日本の新入社員の体験を紹介したが、徹底的な新人研修や度重なるの異動により、この社員は自社に関する広い理解を得た。自社の活動やその仕組みについて学ぶことそのものを楽しく、興味を持ちやすく、価値のあるものに変える手段はいくらでもある。努力するだけの価値はあるはずだ。

❸新たな優先事項を徹底する

どこに行けば情報が手に入るか知っていることと、実際にその情報を入手できることとは別の問題だ。その意味でも、社内コミュニケーションを促進するために欠かせないものがもう一つある。新たな優先事項を作ること――どのレベルの社員であれ、またどの部署の社員であれ、社員から情報や支援を求められた場合、迅速に対応することが大切であることを全社員に徹底することである。情報を求められた社員の対応こそが、クリエイティブな活動が始まる鍵となるかもしれないからだ。

エピローグ
旅の出発点

Unleashing Corporate Creativity: where to start

歴史は「結果」の記録であり、その大部分は意図的に生み出されたものではない。

ジョゼフ・A・シュンペーター

企業のなかでクリエイティビティが生まれる経緯や、過去のクリエイティビティ・マネジメントの成功例や失敗例を考察し、クリエイティビティを育てるために企業にできることとは何かを探究した我々の旅から、本書は生まれた。ほんの些細な改善例から劇的なイノベーションに至るまで数々の事例の詳細な説明を通して、企業内でクリエイティビティの芽が頭をもたげるきっかけは意外なところにあることがおわかりいただけたと思う。ここまでで明らかになったように、クリエイティブな活動の多くは予期せぬ場所から生まる。それがやがてどんなクリエイティブな活動へ発展するのか、誰が関与することになるのかを予測するのは不可能だ。これこそがコーポレート・クリエイティビティの本質であり、そこにコーポレート・クリエイティビティの持つ可能性が秘められている。

我々の旅からあなたの旅へ

さて、ここからの旅の主人公はあなただ。その第一のステップは、己を知ること——あなたの会社でもクリエイティブな活動が予期せぬところから生じているという現実を、はっきりと認識することである。そのためには、我々と同じように綿密に調査し、そういった活動が実際にはどのような経緯で生じたのかを理解する必要がある。

ところが、我々の経験から言えば、クリエイティブな活動が生まれると、企業は単純な説明に代えて勝手な解釈を施したがる傾向にあり、しかもその解釈は往々にして実際の予期せぬ始まりを無視したり、歪めたりしてしまう。たとえ自社のクリエイティビティの歴史（と将来）に真正面から向き合おうとしている企業であろうと、こういった傾向を乗り越えるのは至難の技である。たとえば、第九章で挙げた３Ｍのスコッチガードの例を考えてみよう。以下に、３Ｍの正式な社史『我々の歩み――３Ｍの七十五年間』の冒頭部分の要約を挙げる。

ある日、一人の研究員が、ある原材料のサンプルを自分のテニスシューズにこぼした。その物質は水や有機溶剤で洗い落とすことができなかった。しかも、テニスシューズのその部分には、それ以来汚れがつかなくなった。
その研究員は、洗い落とせない厄介な汚れとしてしかこれを見なかったが、化学者のパッツィー・シャーマンとサム・スミスは別の角度からこの一件を考えた。この化学物質を、水をはじき、油汚れに強い繊維を作る可能性を秘めた物質として見たのだ。

すでにご承知のように、このポリＦＢＡの素晴らしい可能性に気づいたのはパッツィー・シャーマンとサム・スミスだけではなかった。この二人が登場してくるのは、実は、右の要約に匿名の研究員として登場する化学者ジョアン・マリンがテニスシューズに例の物質をこぼし、最初にその可能性を認識したときから約一年が経過したあとのことだった。しかもその発見を他の社員に容易には納得してもらえず、もう少しで挫折するところだった。実際の経緯を知っている3M社員が存在することは確かだが、しかし、事実を曲げたこの3Mとしての正式の解釈は、社内外の大部分の人々が発見の経過をどのように認識していたかを如実に表している。ジョアン・マリンが自分のアイデアに関心を持ってもらおうと虚しい努力を続けていた期間に、3Mはなぜこのような間違った解釈を与えたのだろうか。

時間の経過や噂によってクリエイティブな活動の意外な起源が軽視される結果になった例は、この3Mの事例だけに限らない。どこの企業でも、またいつの時代でも起きていることなのだ。コーポレート・クリエイティビティの本質は思いもよらぬ場所から生まれてくることを認識しないかぎり、あなたの会社は、クリエイティビティを促進する取り組みを始めることすらできないだろう。

クリエイティブな活動の大部分は予測不可能であるという事実を、不愉快なものとしてではなく、企業活動の現実として理解しなければならない。直接に計画し管理できることが数多くある一方で、クリエイティビティは直接には計画し管理することができない。だからこそ、クリエイティビティの芽があなたの企業内に生じたら――必ず生じるはずだ――その予期せぬ起源が失われる前に見つけ出さなくてはならない。そして、その起源から学ばなくてはならない。

本書に挙げた六つの要素は、あなた個人のクリエイティビティ育成にもそのまま当てはまるものだ。企業がこの六つの要素を満たせば、コーポレート・クリエイティビティの全社レベルは目に見えて向上するだろう。そしてこれらをあなたが満たせば、やがてあなた自身もいつしかクリエイティブな活動を行うようになるだろう。

何よりも重要なことは、企業が自社のクリエイティブな活動から何かを学びとることであり、またあなた自身も自分のクリエイティブな経験から何かを学びとることである。我々が六つの要素にたどり着いたのも、直接体験という手段を採ったからだった。同じように、あなた自身も今後の直接体験を通じ、あなたの会社にとって最も望ましい形で六つの要素を満たすようになるだろう。

旅の結果、我々は予期せぬ出来事に秘められた力を発見した。あなたも旅の終わりに、きっとその力を実感するはずだ。

著者紹介

アラン・G・ロビンソン

マサチューセッツ州立大学経営管理学教授。ケンブリッジ大学卒業後、ジョンズ・ホプキンズ大学でオペレーションズ・リサーチの博士号を取得。コーポレート・クリエイティビティに関する調査のため、アメリカ、日本、カナダ、メキシコ、中国、インド、ブラジル、ギリシャ、ジャマイカ、ロシアの数百にのぼる企業を訪問した経験を持つ。8カ国50社を超える大小の企業のコンサルタントを務め、クリエイティブ育成戦略についての助言を行う。また、現役大学教授が選任されることがまれな、米国マルカム・ボルドリッジ優良企業賞審査員も務めている。企業におけるクリエイティビティをテーマに、精力的に講演を行っている。

サム・スターン

オレゴン州立大学教育学部長。クリエイティビティ、クリエイティビティとビジネスや教育との関係について調査と執筆を進めている。ハーバード大学経済学部、ギリシャのアテネ経営管理研究所、東京工業大学などで教鞭を執った経験もある。1990年から1992年にかけて日本に滞在し、日本能率協会でクリエイティビティ育成講座を担当する傍ら、複数年にわたって行われた200社を対象とするクリエイティビティに関する調査を指揮した。HP、NASA、NEC、ポラロイド、セイコーエプソンなど、各国の組織のクリエイティビティ・アドバイザーを務めた。

英治出版からのお知らせ

弊社のホームページ（http://www.eijipress.co.jp/）では、「バーチャル立ち読みサービス」を無料でご提供しています。ここでは、弊社の既刊本を紙の本のイメージそのままで「公開」しています。ぜひ一度、アクセスしてみてください。

企業創造力

組織の可能性を呼びさます6つの条件

発行日 —— 2007年 2月28日 第1版 第1刷 発行

著 者 —— アラン・G・ロビンソン
サム・スターン

発行人 —— 原田英治
発 行 —— 英治出版株式会社
〒150-0022 東京都渋谷区恵比寿南 1-9-12 ピトレスクビル 4F
電話：03-5773-0193 FAX：03-5773-0194
URL：http://www.eijipress.co.jp/
出版プロデューサー：鬼頭穣
スタッフ：原田涼子、秋元麻希、高野達成、大西美穂、岩田大志、
秋山仁奈子、古屋征紀、田寄奈々子、藤竹賢一郎
印 刷 —— 中央精版印刷株式会社
装 幀 —— 穴田淳子（a mole disign Room）

［検印廃止］ISBN978-4-901234-88-7 C0034